2023년 농·축·수협, 산림조합등 조합장 동시선거 대비

공공단체등 위탁선거법전

◉ '공명선거'와 '합법적 선거운동'을 위한 필수지침서

◉ '조문'과 '판례'를 알기 쉽게 편집·수록

◉ '조문내용'과 '법률용어'도 해설

| 법학박사 이선신 엮음 (前 농협대 부총장/총장직무대행)
| 법학박사 김두년 감수 (前 중원대 총장)

한국협동조합발전연구원

동방문화사

추 천 사

1988년 농협법 등의 개정으로 농·수·축협 등의 조합장 임명제가 폐지되고 직선제가 도입된 지 어언 35년 가까운 세월이 지났습니다.
그동안 조합장 선거와 관련된 법규는 여러 차례 개정된 바 있습니다.
특히 2014년 「공공단체등 위탁선거에 관한 법률」(약칭 : 위탁선거법)이 제정·시행된 이후 과거보다 부정·혼탁선거가 많이 줄어들었다는 평가를 받고 있습니다. 그러나 조합원 등 협동조합 관계자들과 국민들 사이에서는 조합장 선거가 더욱 깨끗하고 공명하게 이뤄져야 한다는 바램도 있습니다.

내년(2023년) 3월 8일에 제3회 협동조합 조합장 동시선거가 실시될 예정입니다.
부디 조합장 선거가 잡음 없이 깨끗하게 치러지기를 기대하며, 국민들로부터 지탄받는 일이 없게 되기를 바랍니다. 또한, 선거과정에서 불법사례가 발생함으로써 후보자 등 선거관련자들이 수사를 받거나 형사처벌 받는 일도 없었으면 합니다. 더불어, 조합장 선거의 후유증으로 인해 조합이 갈등에 휘말리고 경영안정이 훼손되는 일이 절대 없어야 할 것입니다.
그렇게 되기 위해서는, 무엇보다도 먼저, 후보자 등 선거관련자들이 선거법규를 잘 알아야 하고, 잘 지켜야 합니다. 그러나, 선거법규의 내용이 충분히 홍보되어 있지 않아, 선거법규의 세부내용에 대해 잘 모르는 경우가 적지 않습니다.

이번에 발간되는 『공공단체등 위탁선거법전』은 조합장 선거법규(위탁선거법과 규칙)의 전체 내용을 누구나 쉽고 명확하게 이해할 수 있도록 훌륭하게 편집이 되어 있습니다. 또한 주요 판례를 소개하고 있고, 조문 내용과 법률용어에 대한 해설 및 선거과정에서 유의해야 할 사항들도 제시하고 있기 때문에, 조합장 선거와 관련된 모든 분들에게 큰 도움이 되리라 생각합니다.
따라서, 저는 이 책을 조합장 선거에 입후보하고자 하는 분들은 물론이고, 그밖에 조합의 임직원들과 조합원들께도 널리 추천하는 바입니다.

ICA협동조합기본원칙 중 '조합원의 민주적 관리(Democratic Member Control)'원칙을 제대로 실현하려면, 협동조합 선거가 공명하게 실시되어야 합니다.
바라건대, 우리 「한국협동조합발전연구원」은 이 책을 많은 분들이 활용함으로써 조합장 선거가 어느 선거보다도 모범적으로 치러지길 희망하며, 이를 통해 한국 협동조합의 건전한 발전이 촉진되기를 기대합니다.

이 책을 발간하는 데 힘쓰신 이선신 박사(법학박사)는 농협중앙회와 농협대학교에서 협동조합 연구와 강의로 평생 헌신하신 분이며, 현재 「한국협동조합발전연구원」의 선임연구위원으로 재직 중입니다. 이선신 박사의 노력에 감사드리며, 이 책이 모든 협동조합에서 필독서로 활용되기를 바랍니다.

2022. 9.

한국협동조합발전연구원

이사장   노 의 현

발 간 사

1987년 6월 민주항쟁으로 촉발된 '민주화의 물결'은 우리 사회 전반에 큰 영향을 미쳤습니다. 1987.10.29. 대통령직선제를 골자로 한 헌법 개정이 이뤄졌고, 뒤이어 1987.12.16. 치러진 대통령선거에 의해 '보통사람의 시대'를 표방한 노태우 정부가 1988.2.25. 출범했습니다.

그 이후 '민주화 욕구'가 사회 전반에 더욱 확산됐는데, 특히 종전에 임명제로 운영되어 온 농·수·축협 등의 조합장·중앙회장 선임방식을 직선제로 변경해야 한다는 농민단체의 주장이 국회에서 수용된 것은 매우 획기적인 일이었습니다.

당시 '4당 체제'로 운영되던 국회는 여당인 민정당과 야3당(민주당·평민당·공화당)이 전면 합의하여 「농업협동조합임원임면에 관한 임시조치법」 등을 폐지([시행 1988. 12. 31.] [법률 제4079호, 1988. 12. 31., 폐지])하고, 「농업협동조합법」 등을 개정([시행 1989. 4. 1.] [법률 제4080호, 1988. 12. 31., 일부개정])하여 조합장·중앙회장 직선제를 도입함으로써 농·수·축협 등 협동조합 운영의 민주화의 기틀을 마련하였습니다.

그런데, 이처럼 조합장·중앙회장 직선제가 '협동조합 민주화를 향한 강한 열망'에 의해 도입됐음에도 불구하고 선거를 시행하는 과정에서 금품 살포 등 부정·타락선거의 사례가 빈발함에 따라 사회적 비판이 크게 제기됐습니다. 이에 따라 공명선거 정착을 위해 직선 조합장의 선거관리를 구·시·군선거관리위원회에 위탁하도록 2004년에 농협법이 개정([시행 2005. 7. 1.] [법률 제7273호, 2004. 12. 31., 일부개정])됐습니다.

또한, 2014년에는 선거관리를 효율적으로 하도록 하기 위해 「공공단체등 위탁선거에 관한 법률」(약칭 : 위탁선거법)이 제정([시행 2014. 8. 1.] [법률 제12755호, 2014. 6. 11., 제정])됐습니다.

이 법률의 제정 이후 부정·타락선거사례가 대폭 감소하긴 했지만, 음성적인 불법사례가 상존한다는 지적이 있고, 지나친 규제로 인해 불투명·폐쇄적인 선거 즉 '깜깜이 선거'로 진행된다는 비판도 있습니다.

이런 상황 하에서 내년(2023년) 3월 8일에 전국적인 협동조합 조합장 동시선거가 실시된다면, 공명선거의 실현에 어려운 점이 있지 않을까 우려하는 목소리가 있습니다.

따라서 저는 불법·타락선거를 방지하고 공명선거 실현에 도움을 주기 위해 이 책(『공공단체등 위탁선거법전』)을 발간하기에 이르렀습니다.

이 책은 위탁선거법과 규칙의 전체 법조문을 읽기 쉽고 이해하기 쉽도록 편집했고, 관련 주요 판례들도 소개했으며, 조문내용과 법률용어에 대한 해설과 '조합장 선거 입후보시 고려해야 할 사항'도 제시하고 있기 때문에 조합장 선거와 관련된 모든 분들에게 크게 도움이 되리라고 봅니다.

끝으로, 이 책이 발간되는 데 도움을 주신 「한국협동조합발전연구원」의 노의현 이사장님, 고영곤 원장님, 전찬익 이사님, 그리고 바쁘신 가운데 꼼꼼히 감수해 주신 김두년 이사님을 비롯한 전체 임원진께 깊은 감사의 뜻을 전합니다. 더불어 이 책을 접하시는 협동조합 관계자 여러분의 건승과 행복을 기원하며, 이 책을 활용하여 선거에 참여하시는 후보자들께서 당선의 영광을 얻게 되기를 빕니다.

2022. 9.

한국협동조합발전연구원

선임연구위원 이 선 신

[이 책의 활용 안내]

1. 선거운동을 함에 있어서 중요한 내용에 밑줄을 표시하였습니다.
2. 「공공단체등 위탁선거에 관한 법률」의 약칭을 '위탁선거법' 또는 '법'으로 표기했고, 「공공단체등 위탁선거에 관한 규칙」의 약칭을 '규칙'으로 표기했습니다.
3. 이해하기 쉽도록 하기 위해 '규칙'의 조문내용을 관련 '법' 규정의 바로 아래에 배치했고, 중요한 '준용조문'과 '참고사항(법률용어 및 조문내용에 대한 해설 등)'을 각주로 기재하였습니다.
4. 참고하기 쉽도록 하기 위해 판례의 내용을 관련 '법' 규정의 바로 아래에 배치했고, 그밖에 '참고할만한 판례들(위탁선거법 제정 이전)'을 [별첨자료 1]에 수록하였습니다.
5. 위탁선거법에서 "…… 해당 법령이나 정관등에 따른다."라고 규정하고 있는 경우(예 : 제12조)에는 '해당법령이나 정관등'의 규정내용을 따로 참조해야 합니다. 이 책에서는 '농협법령 및 정관등'의 일부 내용을 [별첨자료 2]에 수록하였으니 참고하시기 바랍니다(조합임원선거관리준칙(예) 등 내규는 별도 참조 요망). 수협법령, 산림조합법령 및 정관등의 내용은 지면관계상 이 책에 수록하지 못하였으니 별도로 찾아보시기 바랍니다('국가법령정보센터' 또는 주무관청·해당단체의 홈페이지 등 참조).
6. '조합장 선거 입후보시 고려해야 할 사항들'을 [별첨자료 3]에 수록하였으니 참고하시기 바랍니다.
7. 법령 해석에 대해서는 전문가들 사이에서도 이견(異見)이 있을 수 있으므로, 유권해석(판례, 행정해석 등)에 의지하는 것이 바람직합니다.
8. 이 책에 수록된 선거법규와 판례가 변경될 수 있으니 최근 내용에 관심을 기울여야 합니다.
9. 공직선거법과 위탁선거법은 동일·유사한 내용이 많으므로, 공직선거법에 관한 판례·유권해석을 위탁선거법 사례에도 참고할 수는 있겠지만, 반드시 똑같이 적용되지 않는 경우도 있을 수 있으므로 유념해야 합니다.
10. 이 책의 내용과 관련하여 의문사항이 있을 경우에 그 내용을 명확하게 정리하여 이메일(goodbelief2@naver.com)로 보내주시면(질문자의 인적사항 포함), 관련법령이 허용하는 범위 내에서 답변드리도록 노력하겠습니다(필요시 학자·변호사 등 전문가와 협의).
11. 중앙선거관리위원회 홈페이지(https://www.nec.go.kr/search/search_Law.jsp)에 게재된 '판례정보' 및 '선거법령 정보'(조합장선거 관련 질의응답내용 등)도 활용하시기 바랍니다.

[Contents]

「공공단체등 위탁선거에 관한 법률」 (약칭:위탁선거법) 및 동법 규칙

조 문 목 차

제1장 총칙

제1조(목적) ··· 1
    [규칙] 제1조(목적) ·· 1
제2조(기본원칙) ··· 1
제3조(정의) ·· 1
제4조(적용 범위) ··· 2
제5조(다른 법률과의 관계) ··· 2
제6조(선거관리 협조) ·· 2
    [규칙] 제2조(선거관리 협조) ·· 3

제2장 선거관리의 위탁 등

제7조(위탁선거의 관리 범위) ··· 3
제8조(선거관리의 위탁신청) ··· 3
    [규칙] 제3조(선거관리의 위탁신청) ·· 3
    [규칙] 제4조(정관등에 관한 의견표시) ·· 4
제9조(임의위탁선거의 위탁관리 결정·통지) ·· 4
제10조(공정선거지원단) ·· 4
    [규칙] 제5조(공정선거지원단) ·· 4
제11조(위탁선거의 관리) ·· 5
    [규칙] 제6조(위탁선거 사무의 대행) ·· 5

제3장 선거권 및 피선거권

제12조(선거권 및 피선거권) ··· 6

제4장 선거기간과 선거일

제13조(선거기간) ·· 6
제14조(선거일) ·· 6
    [규칙] 제6조의2(선거일 공고) ·· 7

제5장 선거인명부

제15조(선거인명부의 작성 등) ·· 7
    [규칙] 제7조(선거인명부의 작성·확정 등) ··· 8
    [규칙] 제8조(선거인명부의 확정 후 오기사항 등 통보) ································ 8
제16조(명부 열람 및 이의신청과 결정) ·· 8
제17조(선거인명부 사본의 교부 신청) ·· 9

제6장 후보자

제18조(후보자등록) ·· 9
    [규칙] 제9조(후보자등록) ·· 9
    [규칙] 제10조(후보자 등의 인영) ··· 10
제19조(등록무효) ·· 10
제20조(후보자사퇴의 신고) ··· 10
    [규칙] 제11조(후보자사퇴의 신고) ··· 10
제21조(후보자등록 등에 관한 공고) ··· 10

제7장 선거운동

제22조(적용 제외) ··· 10
제23조(선거운동의 정의) ··· 10
제24조(선거운동의 주체·기간·방법) ··· 11
제24조의2(예비후보자) ·· 13
    [규칙] 제11조의2(예비후보자등록) ·· 14
제25조(선거공보) ·· 14
    [규칙] 제12조(선거공보) ··· 15
제26조(선거벽보) ·· 15
    [규칙] 제13조(선거벽보) ··· 15

제27조(어깨띠·윗옷·소품) ··· 16
제28조(전화를 이용한 선거운동) ·· 16
제29조(정보통신망을 이용한 선거운동) ·· 16
　　　[규칙] 제14조(위법게시물에 대한 삭제요청) ······································ 17
제30조(명함을 이용한 선거운동) ·· 17
　　　[규칙] 제15조(명함배부 제한장소) ·· 17
제30조의2(선거일 후보자 소개 및 소견발표) ·· 17
　　　[규칙] 제15조의2(선거일 등 후보자 소개 및 소견발표) ···················· 18
제31조(지위를 이용한 선거운동금지 등) ·· 18
제32조(기부행위의 정의) ·· 19
제33조(기부행위로 보지 아니하는 행위) ·· 21
　　　[규칙] 제16조(축의·부의금품 등의 금액의 범위) ······························ 23
제34조(기부행위제한기간) ·· 23
제35조(기부행위제한) ·· 23
제36조(조합장 등의 축의·부의금품 제공제한) ·· 23
제37조(선거일 후 답례금지) ·· 24
제38조(호별방문 등의 제한) ·· 24

제8장 투표 및 개표

제39조(선거방법 등) ·· 25
제40조(투표소의 설치 등) ·· 25
　　　[규칙] 제17조(투표관리관 및 투표사무원) ·· 25
　　　[규칙] 제18조(투표소의 설치 등) ·· 26
제41조(동시조합장선거의 투표소의 설치 등) ·· 26
　　　[규칙] 제19조(잠정투표) ·· 27
　　　[규칙] 제20조(거소투표자·순회투표자·인터넷투표자) ······················ 27
　　　[규칙] 제21조(거소투표·순회투표·인터넷투표) ·································· 28
제42조(투표용지) ·· 28
　　　[규칙] 제22조(투표용지 등) ·· 29
제43조(투표안내문의 발송) ·· 29
　　　[규칙] 제23조(투표안내문) ·· 29
제45조(투표·개표의 참관) ·· 29
　　　[규칙] 제24조(투표참관인·개표참관인) ·· 30

제46조(개표소의 설치 등) ·· 30
    [규칙] 제25조(개표소의 설치 등) ·· 30
제47조(개표의 진행) ··· 31
    [규칙] 제26조(투표소 개표) ·· 31
    [규칙] 제27조(거소투표 등의 개표) ·· 31
    [규칙] 제28조(개표결과의 송부) ·· 31
제48조(개표관람) ·· 31
제49조(투표록·개표록 및 선거록의 작성 등) ·· 31
    [규칙] 제29조(투표록·개표록 및 선거록의 작성) ··· 32
제50조(선거 관계 서류의 보관) ·· 32
    [규칙] 제30조(투표지 등의 보존기간의 단축) ··· 32
제51조(「공직선거법」의 준용 등) ··· 32
    [규칙] 제31조(「공직선거관리규칙」의 준용 등) ·· 32
제52조(결선투표 등) ··· 33
제54조(위탁선거의 동시실시) ·· 33
제55조(위탁선거의 효력 등에 대한 이의제기) ··· 34
    [규칙] 제32조(투표의 효력 등에 관한 이의제기 등) ·· 34

제9장 당선인

제56조(당선인 결정) ··· 34
    [규칙] 제33조(당선증의 서식) ·· 34

제10장 벌칙

제57조(적용 제외) ·· 34
제58조(매수 및 이해유도죄) ··· 34
제59조(기부행위의 금지·제한 등 위반죄) ··· 37
제60조(매수 및 이해유도죄 등으로 인한 이익의 몰수) ·· 37
제61조(허위사실 공표죄) ·· 38
제62조(후보자 등 비방죄) ·· 39
제63조(사위등재죄) ··· 39
제64조(사위투표죄) ··· 40
제65조(선거사무관계자나 시설 등에 대한 폭행·교란죄) ··· 40

제67조(양벌규정) ·· 41
제68조(과태료의 부과·징수 등) ··· 41
　　　[규칙] 제34조(과태료의 부과·징수 등) ··· 42

제11장 보칙

제69조(전자투표 및 개표) ·· 44
제70조(위탁선거범죄로 인한 당선무효) ·· 44
제71조(공소시효) ·· 44
제72조(위반행위에 대한 중지·경고 등) ·· 44
제73조(위반행위에 대한 조사 등) ·· 45
　　　[규칙] 제35조(위반행위에 대한 조사 등) ··· 45
제74조(자수자에 대한 특례) ·· 46
제75조(위탁선거범죄신고자 등의 보호) ·· 46
　　　[규칙] 제36조(위탁선거범죄신고자등의 보호) ··· 48
제76조(위탁선거 위반행위 신고자에 대한 포상금 지급) ······································ 49
　　　[규칙] 제37조(포상금 지급기준 및 포상방법 등) ······································· 49
제77조(위탁선거에 관한 신고 등) ·· 49
　　　[규칙] 제38조(위탁선거에 관한 신고 등) ··· 50
　　　[규칙] 제39조(공통경비의 부담기준) ··· 50
　　　[규칙] 제40조(경비산출) ··· 50
　　　[규칙] 제41조(경비의 납부절차) ··· 51
　　　[규칙] 제42조(경비의 추가납부) ··· 51
　　　[규칙] 제43조(경비집행) ··· 51
　　　[규칙] 제44조(경비의 정산·반환) ··· 52
　　　[규칙] 제45조(동시조합장선거의 포상금에 관한 특례) ······························ 52
　　　[규칙] 제46조(경비의 검사 등) ··· 53
　　　[규칙] 제47조(특별정려금 지급 등) ··· 53
제79조(시행규칙) \ ··· 53

부칙 <제17893호, 2021. 1. 12.> **(지방자치법)** ·· 54

　　　[별첨자료 1] 참고할만한 판례들(위탁선거법 제정 이전) ··························· 85
　　　[별첨자료 2] 농협법령 및 정관등의 참고내용 ··· 90
　　　[별첨자료 3] 조합장 선거 입후보시 고려해야 할 사항들 ······················· 119

공공단체등 위탁선거에 관한 법률

[시행 2022. 1. 13.] [법률 제17893호, 2021. 1. 12., 타법개정]

&

공공단체등 위탁선거에 관한 규칙

[시행 2021. 8. 30.] [선거관리위원회규칙 제534호, 2021. 8. 30., 일부개정]

제1장 총칙

제1조(목적) 이 법은 공공단체등의 선거가 깨끗하고 공정하게 이루어지도록 함으로써 공공단체등의 건전한 발전과 민주사회 발전에 기여함을 목적으로 한다.

> **[규칙] 제1조(목적)** 이 규칙은 「공공단체등 위탁선거에 관한 법률」에서 위임된 사항과 그 시행에 필요한 사항을 규정함을 목적으로 한다.

제2조(기본원칙) 「선거관리위원회법」에 따른 선거관리위원회(이하 "선거관리위원회"라 한다)는 이 법에 따라 공공단체등의 위탁[1]선거를 관리하는 경우 구성원의 자유로운 의사와 민주적인 절차에 따라 공정하게 행하여지도록 하고, 공공단체등의 자율성이 존중되도록 노력하여야 한다.

제3조(정의) 이 법에서 사용하는 용어의 뜻은 다음과 같다.
1. "공공단체등"이란 다음 각 목의 어느 하나에 해당하는 단체를 말한다.
    가. 「농업협동조합법」, 「수산업협동조합법」에 따른 조합과 중앙회 및 「산림조합법」에 따른 조합
    나. 「중소기업협동조합법」에 따른 중소기업중앙회, 「새마을금고법」에 따른 금고와 중앙회 및 「도시 및 주거환경정비법」에 따른 조합과 조합설립추진위원회
    다. 그 밖의 법령에 따라 임원 등의 선출을 위한 선거의 관리를 선거관리위원회에 위탁하여야 하거나 위탁할 수 있는 단체[「공직선거법」 제57조의4(당내경선사무의 위탁)에 따른 당내경선 또는 「정당법」 제48조의2(당대표경선사무의 위탁)에 따른 당대표경선을 위탁하는 정당을 제외한다]
    라. 그 밖에 가목부터 다목까지의 규정에 준하는 단체로서 임원 등의 선출을 위한 선거의 관리를 선거관리위원회에 위탁하려는 단체
2. "위탁단체"란 임원 등의 선출을 위한 선거의 관리를 선거관리위원회에 위탁하는 공공단체등을 말한다.

---

[1] '위탁'이란 법률(행정)행위 또는 사실(사무)행위에 대해 해야 할 일을 타인에게 의뢰하는 것을 말한다.

3. "관할위원회"란 위탁단체의 주된 사무소 소재지를 관할하는 「선거관리위원회법」에 따른 구·시·군선거관리위원회(세종특별자치시선거관리위원회를 포함한다)를 말한다. 다만, 법령에서 관할위원회를 지정하는 경우에는 해당 선거관리위원회를 말한다.
4. "위탁선거"란 관할위원회가 공공단체등으로부터 선거의 관리를 위탁받은 선거를 말한다.
5. "선거인"이란 해당 위탁선거의 선거권이 있는 자로서 선거인명부에 올라 있는 자를 말한다.
6. "공직선거등"이란 다음 각 목의 어느 하나에 해당하는 선거 또는 투표를 말한다.
   가. 「공직선거법」에 따른 대통령선거, 국회의원선거, 지방의회의원 및 지방자치단체의 장의 선거, 「제주특별자치도 설치 및 국제자유도시 조성을 위한 특별법」 및 「세종특별자치시 설치 등에 관한 특별법」에 따른 지방의회의원 및 지방자치단체의 장의 선거
   나. 「지방교육자치에 관한 법률」, 「제주특별자치도 설치 및 국제자유도시 조성을 위한 특별법」 및 「세종특별자치시 설치 등에 관한 특별법」에 따른 교육감 및 교육의원 선거
   다. 「국민투표법」에 따른 국민투표
   라. 「주민투표법」에 따른 주민투표
   마. 「주민소환에 관한 법률」에 따른 주민소환투표
7. "동시조합장선거"란 「농업협동조합법」, 「수산업협동조합법」 및 「산림조합법」에 따라 관할위원회에 위탁하여 동시에 실시하는 임기만료에 따른 조합장선거를 말한다.
8. "정관등"이란 위탁단체의 정관[2]), 규약, 규정, 준칙, 그 밖에 위탁단체의 조직 및 활동 등을 규율하는 자치규범을 말한다.

제4조(적용 범위) 이 법은 다음 각 호의 위탁선거에 적용한다.
1. 의무위탁선거: 제3조제1호가목에 해당하는 공공단체등이 위탁하는 선거와 같은 조 제1호다목에 해당하는 공공단체등이 선거관리위원회에 위탁하여야 하는 선거
2. 임의위탁선거: 제3조제1호나목 및 라목에 해당하는 공공단체등이 위탁하는 선거와 같은 조 제1호다목에 해당하는 공공단체등이 선거관리위원회에 위탁할 수 있는 선거

제5조(다른 법률과의 관계) 이 법은 공공단체등의 위탁선거에 관하여 다른 법률에 우선하여 적용한다.

제6조(선거관리 협조) 국가기관·지방자치단체·위탁단체 등은 위탁선거의 관리에 관하여 선거관리위원회로부터 인력·시설·장비 등의 협조 요구를 받은 때에는 특별한 사유가 없으면 이에 따라야 한다.

---

[2] '정관'이란, 단체나 법인의 조직·활동을 정하는 근본규칙(민법 제40, 42, 44, 45조·상법 제178, 204, 269, 433조, 543조 1항, 584조), 또는 이 규칙을 기재한 서면(민법 제40, 43조·상법 제179, 270, 289조, 543조 2항 등)을 말한다. 법인의 설립요건이자 존속요건으로서의 의미를 지닌다.

[규칙] **제2조(선거관리 협조)** 위탁단체는 선거공보의 발송, 선거벽보의 첩부 및 후보자 소견 발표의 개최 등에 관하여 관할위원회로부터 인력·시설·장비 등의 협조 요구를 받은 때에는 우선적으로 이에 따라야 한다. 〈개정 2015. 12. 24.〉

제2장 선거관리의 위탁 등

제7조(위탁선거의 관리 범위) 관할위원회가 관리하는 위탁선거 사무의 범위는 다음 각 호와 같다.
1. 선거관리 전반에 관한 사무. 다만, 선거인명부의 작성 및 확정에 관한 사무는 제외한다.
2. 선거참여·투표절차, 그 밖에 위탁선거의 홍보에 관한 사무
3. 위탁선거 위반행위[이 법 또는 위탁선거와 관련하여 다른 법령(해당 정관등을 포함한다)을 위반한 행위를 말한다. 이하 같다]에 대한 단속과 조사에 관한 사무

제8조(선거관리의 위탁신청) 공공단체등이 임원 등의 선출을 위한 선거의 관리를 위탁하려는 때에는 다음 각 호에 따른 기한까지 관할위원회에 서면으로 신청하여야 한다. 다만, 재선거[3], 보궐선거[4], 위탁단체의 설립·분할 또는 합병으로 인한 선거의 경우에는 그 선거의 실시사유가 발생한 날부터 5일까지 신청하여야 한다.
1. 의무위탁선거: 임원 등의 임기만료일 전 180일까지. 이 경우 동시조합장선거에서는 임기만료일 전 180일에 별도의 신청 없이 위탁한 것으로 본다.
2. 임의위탁선거: 임원 등의 임기만료일 전 90일까지

[규칙] **제3조(선거관리의 위탁신청)** ① 「공공단체등 위탁선거에 관한 법률」(이하 "법"이라 한다) 제8조에 따른 위탁신청은 별지 제1호서식에 따른다. 〈개정 2018. 9. 21.〉
② 동시조합장선거를 실시하는 경우 관할위원회는 임기만료일 전 200일까지 선거권자의 수, 선거벽보 첩부 예정 수량 및 장소, 정관 및 선거규정 등 선거관리에 필요한 사항을 통보해 줄 것을 위탁단체에 요청할 수 있다. 이 경우 그 요청을 받은 위탁단체는 임기만료일 전 180일에 해당하는 날의 다음 날까지 서면으로 해당 사항을 관할위원회에 통보하여야 한다. 〈신설 2018. 9. 21.〉
③ 합병·해산 등 법령이나 정관 또는 규약 등이 정하는 바에 따라 위탁선거를 실시하지 아니할 사유가 발생한 경우에는 해당 위탁단체는 지체 없이 합병 관련 등기서 사본, 합병·해산 관련 총회 의결록 또는 인가서의 사본, 그 밖에 그 사유를 증명할 수 있는 서류를 첨부하여 서면으로 그 사유를 관할위원회에 통보하여야 한다. 〈신설 2018. 9. 21.〉

---

[3] '재선거'란, 통상 선거에서 당선 무효확정 판결이 내려지거나, 당선인이 임기 개시 전에 사망하거나 사퇴했을 경우, 선거 소송이 무효로 된 때, 당선인이 없을 때 다시 실시하도록 규정된 선거를 말한다.
[4] '보궐선거'란, 통상 선거에서 당선인이 임기 개시 이후 기타 법법 행위로 인한 유죄판결로 피선거권을 상실하거나 사망, 사퇴 등의 사유로 궐석되었을 때 실시하는 선거를 말한다.

> **[규칙] 제4조(정관등에 관한 의견표시)** 관할위원회는 위탁단체의 정관등에 규정된 선거에 관한 규정이 위탁선거를 관리하는 데 현저하게 불합리하다고 판단될 때에는 해당 규정을 개정할 것을 권고할 수 있다.

제9조(임의위탁선거의 위탁관리 결정·통지) 제8조제2호에 따른 선거관리의 위탁신청을 받은 관할위원회는 공직선거등과 다른 위탁선거와의 선거사무일정 등을 고려하여 그 신청서를 접수한 날부터 7일 이내에 위탁관리 여부를 결정하고, 지체 없이 그 결과를 해당 공공단체등에 통지하여야 한다.

제10조(공정선거지원단) ① 관할위원회는 위탁선거 위반행위의 예방 및 감시·단속활동을 위하여 선거실시구역·선거인수, 그 밖의 조건을 고려하여 다음 각 호의 기간의 범위에서 중립적이고 공정한 사람으로 구성된 공정선거지원단을 둘 수 있다. 다만, 동시조합장선거의 경우에는 임기만료일 전 180일부터 선거일까지 공정선거지원단을 둔다.
 1. 의무위탁선거: 제8조에 따라 위탁신청을 받은 날부터 선거일까지
 2. 임의위탁선거: 제9조에 따라 위탁받아 관리하기로 결정하여 통지한 날부터 선거일까지
② 공정선거지원단은 위탁선거 위반행위에 대하여 관할위원회의 지휘를 받아 사전안내·예방 및 감시·단속·조사활동을 할 수 있다.
③ 공정선거지원단의 구성·활동방법 및 수당·실비의 지급, 그 밖에 필요한 사항은 중앙선거관리위원회규칙으로 정한다.

> **[규칙] 제5조(공정선거지원단)** ① 법 제10조제1항에 따른 공정선거지원단원의 수는 30명 이내에서 중앙선거관리위원회 위원장이 정하는 기준에 따라 관할위원회가 정한다.
> ② 관할위원회는 공정선거지원단원에게 별지 제30호양식의 신분증명서를 발급하여야 한다.
> ③ 공정선거지원단원은 법규를 준수하고 성실하게 임무를 수행하여야 하며 관할위원회의 명령에 따라야 한다.
> ④ 공정선거지원단원이 법 제10조제2항에 따른 활동을 하는 경우에는 제2항의 신분증명서를 관계인에게 제시하여야 한다.
> ⑤ 관할위원회는 공정선거지원단원이 다음 각 호의 어느 하나에 해당하는 경우에는 해촉할 수 있다.
>   1. 법규를 위반하거나 그 임무를 수행하면서 불공정한 행위를 하거나 할 우려가 있는 경우
>   2. 정당한 사유 없이 관할위원회의 지휘·명령에 따르지 아니하거나 그 임무를 게을리 한 경우
>   3. 임무수행 중 입수한 자료를 유출하거나 알게 된 정보를 누설한 경우
>   4. 공정선거지원단원이 그 품위를 손상하거나 선거관리위원회의 위신을 실추시키는 행위를 한 경우
>   5. 건강 또는 그 밖의 사유로 임무를 성실히 수행할 수 없다고 판단되는 경우

⑥ 공정선거지원단원이 사직하거나 해촉된 때에는 지체 없이 그 신분증명서를 반환하여야 한다.
⑦ 공정선거지원단원에게 수당을 지급하는 경우에는 「최저임금법」 제10조(최저임금의 고시와 효력발생)에 따라 고시된 최저임금액 이상으로 지급하고, 실비는 「공무원 여비 규정」 별표 2의 제2호에 따라 산정된 금액을 지급한다. 이 경우 활동실적과 근무상황이 우수한 공정선거지원단원에게는 중앙선거관리위원회 위원장이 정하는 바에 따라 추가로 성과수당을 지급할 수 있다.

제11조(위탁선거의 관리) ① 중앙선거관리위원회는 이 법에 특별한 규정이 있는 경우를 제외하고는 위탁선거 사무를 통할·관리하며, 하급선거관리위원회의 위법·부당한 처분에 대하여 이를 취소하거나 변경할 수 있다.
② 특별시·광역시·도·특별자치도선거관리위원회는 하급선거관리위원회의 위탁선거에 관한 위법·부당한 처분에 대하여 이를 취소하거나 변경할 수 있다.
③ 관할위원회는 선거관리를 위하여 필요하다고 인정하는 경우에는 중앙선거관리위원회규칙으로 정하는 바에 따라 관할위원회가 지정하는 사람 또는 하급선거관리위원회나 다른 구·시·군선거관리위원회로 하여금 위탁선거 사무를 행하게 할 수 있다.
④ 직근 상급선거관리위원회는 관할위원회가 천재지변, 그 밖의 부득이한 사유로 그 기능을 수행할 수 없는 경우에는 위탁선거 사무를 직접 관리하거나 다른 선거관리위원회로 하여금 관할위원회의 기능이 회복될 때까지 대행하게 할 수 있다. 이 경우 다른 선거관리위원회로 하여금 위탁선거 사무를 대행하게 하는 때에는 대행할 업무의 범위도 함께 정하여야 한다.
⑤ 직근 상급선거관리위원회는 제4항에 따라 위탁선거 사무를 직접 관리하거나 대행하게 한 경우에는 해당 선거관리위원회와 업무의 범위를 지체 없이 공고하여야 한다.

[규칙] 제6조(위탁선거 사무의 대행) ① 관할위원회는 법 제11조제3항에 따라 관할위원회가 지정한 사람 또는 하급선거관리위원회나 다른 구·시·군선거관리위원회(이하 "대행위원회등"이라 한다)로 하여금 다음 각 호의 위탁선거 사무의 전부 또는 일부를 행하게 할 수 있다. 다만, 관할위원회가 지정한 사람으로 하여금 위탁선거 사무를 행하게 할 때에는 제2호부터 제4호까지에 규정된 사무에 한정한다.
1. 공정선거지원단의 운영에 관한 사무
2. 선거공보의 접수·확인 및 발송에 관한 사무
3. 선거벽보의 접수·확인·첨부 및 철거에 관한 사무
4. 투표안내문의 작성 및 발송에 관한 사무
5. 투표 및 개표의 관리에 관한 사무
6. 그 밖에 위 각 호의 어느 하나에 준하는 사무로서 관할위원회가 정하는 사무
② 제1항에 따라 관할위원회가 지정한 사람으로 하여금 위탁선거 사무를 행하게 하려는 경우 선거관리 경험이 풍부하고 중립적이며 공정한 사람 중에서 지정하여야 하며, 그

> 사람에게는 중앙선거관리위원회 위원장이 정하는 바에 따라 수당 및 실비를 지급할 수 있다.
> ③ 제1항에 따라 대행위원회등으로 하여금 위탁선거 사무를 행하게 하려는 경우 선거일 전 30일[재선거, 보궐선거, 위탁단체의 설립·분할 또는 합병으로 인한 선거(이하 "보궐선거등"이라 한다)의 경우에는 위탁신청을 받은 날부터 10일]까지 대행위원회등이 행할 사무·기간, 그 밖에 필요한 사항을 정하여 이를 공고하고, 해당 대행위원회등에게 통지하여야 한다.
> ④ 대행위원회등이 위탁선거 사무를 행하는 경우 관할위원회가 지정한 사람은 자신의 도장을, 하급선거관리위원회 또는 다른 구·시·군선거관리위원회는 그 선거관리위원회의 청인 또는 위원장의 직인을 찍는다. 이 경우 관할위원회가 지정한 사람은 별지 제8호서식에 준하는 인영신고서를 관할위원회에 제출하여야 한다.
> ⑤ 대행위원회등은 제3항에 따라 관할위원회가 정한 사무·기간 등의 범위에서 관할위원회의 지도·감독을 받아 업무를 행하여야 하며, 관할위원회가 지정한 사람이 그 업무를 행한 경우에는 그에 관한 모든 서류를 선거일 후 지체 없이 관할위원회에 송부하여야 한다.

제3장 선거권 및 피선거권

제12조(선거권 및 피선거권) 위탁선거에서 선거권 및 피선거권(입후보자격 등 그 명칭에 관계없이 임원 등이 될 수 있는 자격을 말한다. 이하 같다)에 관하여는 해당 법령이나 정관등에 따른다.5)

제4장 선거기간과 선거일

제13조(선거기간) ① 선거별 선거기간은 다음과 같다.
 1. 「농업협동조합법」, 「수산업협동조합법」 및 「산림조합법」에 따른 조합장선거(이하 "조합장선거"라 한다): 14일
 2. 조합장선거 외의 위탁선거: 관할위원회가 해당 위탁단체와 협의하여 정하는 기간
② "선거기간"이란 후보자등록마감일의 다음 날부터 선거일까지를 말한다.

제14조(선거일) ① 동시조합장선거의 선거일은 그 임기가 만료되는 해당 연도 3월 중 두 번째 수요일로 한다.
② 동시조합장선거 외의 위탁선거의 선거일은 관할위원회가 해당 위탁단체와 협의하여 정하는 날로 한다.

---

5) 예컨대, 농협법의 경우 제49조(임원의 결격사유) 등 참조 요망.

③ 관할위원회는 그 관할구역에서 공직선거등이 실시되는 때에는 해당 공직선거등의 선거일 또는 투표일 전 30일부터 선거일 또는 투표일 후 20일까지의 기간에 속한 날은 위탁선거의 선거일로 정할 수 없다. 다만, 임기만료에 따른 지방자치단체의 의회의원 및 장의 선거가 실시되는 때에는 그 선거일 전 60일부터 선거일 후 20일까지의 기간에 속한 날은 위탁선거의 선거일로 정할 수 없다.

④ 관할위원회는 제2항에 따라 선거일을 정한 후에 공직선거등의 실시 사유가 발생하여 선거사무 일정이 중첩되는 때에는 해당 위탁단체와 다시 협의하여 위탁선거의 선거일을 새로 정할 수 있다. 이 경우 임의위탁선거는 그 위탁관리 결정을 취소할 수 있다.

⑤ 제4항에 따라 선거일을 새로 정하는 경우 해당 정관등에 따른 선거일로 정할 수 있는 기간이 공직선거등의 선거사무일정과 중첩되는 때에는 그 정관등에도 불구하고 위탁선거의 선거일을 따로 정할 수 있다.

⑥ 관할위원회는 선거인명부작성개시일 전일까지 선거일을 공고하여야 한다. 이 경우 동시조합장선거에서는 선거인명부작성개시일 전일에 선거일을 공고한 것으로 본다. <개정 2017. 12. 26.>

> [규칙] 제6조의2(선거일 공고) 관할위원회는 법 제14조제6항 전단에 따른 선거일 공고를 다음 각 호에서 정한 날까지 하여야 한다.
> 1. 법 제24조제3항제3호에 따른 중앙회장선거: 법 제24조의2제1항에 따른 예비후보자등록신청개시일 전 10일(보궐선거등의 경우에는 법 제8조 각 호 외의 부분 단서에 따라 위탁신청을 한 날부터 5일)까지
> 2. 제1호 외의 위탁선거: 선거인명부작성개시일 전일까지
> [본조신설 2018. 1. 19.]

제5장 선거인명부

제15조(선거인명부의 작성 등) ① 위탁단체는 관할위원회와 협의하여 선거인명부작성기간과 선거인명부확정일을 정하고, 선거인명부를 작성 및 확정하여야 한다. 다만, 조합장선거의 경우에는 선거일 전 19일부터 5일 이내에 선거인명부를 작성하여야 하며, 그 선거인명부는 선거일 전 10일에 확정된다.

② 위탁단체는 선거인명부를 작성한 때에는 즉시 그 등본(전산자료 복사본을 포함한다. 이하 이 조에서 같다) 1통을, 선거인명부가 확정된 때에는 지체 없이 확정된 선거인명부 등본 1통을 각각 관할위원회에 송부하여야 한다. 이 경우 둘 이상의 투표소를 설치하는 경우에는 투표소별로 분철하여 선거인명부를 작성·확정하여야 한다.

③ 제2항에도 불구하고 동시조합장선거를 실시하는 경우 위탁단체는 중앙선거관리위원회규칙으로 정하는 구역단위로 선거인명부를 작성·확정하여야 하며, 중앙선거관리위원회는 확정된 선

거인명부의 전산자료 복사본을 해당 조합으로부터 제출받아 전산조직을 이용하여 하나의 선거인명부를 작성한 후 투표소에서 사용하게 할 수 있다.

④ 선거인명부의 작성·수정 및 확정 사항과 확정된 선거인명부의 오기 등의 통보, 그 밖에 필요한 사항은 중앙선거관리위원회규칙으로 정한다.

> **[규칙] 제7조(선거인명부의 작성·확정 등)** ① 위탁단체가 법 제15조에 따라 선거인명부를 작성하는 경우에는 그 회원명부(그 명칭에 관계없이 위탁단체가 해당 법령이나 정관등에 따라 작성한 구성원의 명부를 말한다)에 따라 엄정히 조사·작성하여야 한다.
> ② 선거인명부는 별지 제2호서식에 따라 작성하여야 한다.
> ③ 위탁단체가 법 제15조제2항에 따라 선거인명부 등본을 관할위원회에 송부할 때에는 그 작성상황 또는 확정상황을 별지 제3호서식 또는 별지 제4호서식에 따라 각각 작성하여 함께 보내야 한다.
> ④ 하나의 투표소의 선거권자의 수가 1천명을 넘는 때에는 그 선거인명부를 선거인수가 서로 엇비슷하게 분철할 수 있다.
> ⑤ 동시조합장선거를 실시하는 경우 위탁단체는 관할구역의 구(자치구가 아닌 구를 포함한다)·시(구가 설치되지 아니한 시를 말한다)·군(이하 이 항에서 "구·시·군"이라 한다) 단위로 선거인명부를 작성·확정하여야 하며, 중앙선거관리위원회는 법 제15조제3항에 따라 각 위탁단체로부터 제출받은 확정된 선거인명부의 전산자료 복사본을 이용하여 구·시·군별로 하나의 선거인명부(이하 "통합선거인명부"라 한다)를 작성하여야 한다.
> ⑥ 관할위원회는 제22조제2항에 따라 투표용지와 투표함을 투표관리관에게 인계할 때에 확정된 선거인명부를 함께 인계하여야 한다.

> **[규칙] 제8조(선거인명부의 확정 후 오기사항 등 통보)** ① 위탁단체는 선거인명부 확정 후 오기 또는 선거권이 없는 자나 사망한 사람이 있는 것을 발견한 경우에는 선거일 전일까지 관할위원회에 별지 제5호서식에 따라 그 사실을 통보하고, 이를 통보받은 관할위원회는 선거인명부의 비고칸에 그 사실을 적어야 한다.
> ② 관할위원회는 선거인명부를 투표관리관에게 인계한 후에 제1항에 따른 오기 등을 통보받은 경우에는 지체 없이 이를 투표관리관에게 통지하여야 하며, 투표관리관은 그 사실을 선거인명부의 비고칸에 적어야 한다.

제16조(명부 열람 및 이의신청과 결정) ① 위탁단체는 선거인명부를 작성한 때에는 <u>선거인명부작성기간만료일의 다음 날부터 선거인명부확정일 전일까지의 기간 중에 열람기간을 정하여 선거권자가 선거인명부를 열람할 수 있는 기회를 보장하여야 한다.</u>

② 선거권자는 누구든지 선거인명부에 누락 또는 오기가 있거나 자격이 없는 선거인이 올라 있다고 인정되면 열람기간 내에 구술 또는 서면으로 <u>해당 위탁단체에 이의를 신청할 수 있다.</u>

③ 위탁단체는 제2항의 이의신청이 있는 경우에는 이의신청을 받은 날의 다음 날까지 이를 심사·결정하되, 그 신청이 이유가 있다고 결정한 때에는 즉시 선거인명부를 정정하고 관할위원회·신

청인·관계인에게 통지하여야 하며, 이유 없다고 결정한 때에는 그 사유를 신청인에게 통지하여야 한다.

제17조(선거인명부 사본의 교부 신청) 후보자는 해당 법령이나 정관등에서 정하는 바에 따라 선거인명부 사본의 교부를 신청할 수 있다.

제6장 후보자

제18조(후보자등록) ① 후보자가 되려는 사람은 선거기간개시일 전 2일부터 2일 동안 관할위원회에 서면으로 후보자등록을 신청하여야 한다. 이 경우 후보자등록신청서의 접수는 공휴일에도 불구하고 매일 오전 9시부터 오후 6시까지로 한다.

② 후보자등록을 신청하는 사람은 다음 각 호의 서류 등을 제출하여야 한다.

1. 후보자등록신청서
2. 해당 법령이나 정관등에 따른 피선거권에 관한 증명 서류
3. 기탁금(해당 법령이나 정관등에서 기탁금을 납부하도록 한 경우에 한정한다)
4. 그 밖에 해당 법령이나 정관등에 따른 후보자등록신청에 필요한 서류 등

③ 관할위원회가 후보자등록신청을 접수한 때에는 즉시 이를 수리한다. 다만, 제2항제1호부터 제3호까지의 규정에 따른 서류 등을 갖추지 아니한 등록신청은 수리하지 아니한다.

④ 관할위원회는 후보자등록마감 후에 후보자의 피선거권에 관한 조사를 하여야 하며, 그 조사를 의뢰받은 기관 또는 단체는 지체 없이 그 사실을 확인하여 해당 관할위원회에 회보(回報)하여야 한다.

⑤ 관할위원회는 후보자등록마감 후 지체 없이 해당 위탁단체의 주된 사무소 소재지를 관할하는 검찰청의 장에게 후보자의 범죄경력(해당 법령이나 정관등에서 정하는 범죄경력을 말한다)에 관한 기록을 조회할 수 있고, 해당 검찰청의 장은 지체 없이 그 범죄경력을 관할위원회에 회보하여야 한다.

⑥ 후보자등록신청서의 서식, 그 밖에 필요한 사항은 중앙선거관리위원회규칙으로 정한다.

> **[규칙] 제9조(후보자등록)** ① 법 제18조제1항에 따른 후보자등록신청서는 별지 제6호서식에 따른다.
> ② 위탁단체는 법 제18조제2항제2호 및 제4호에 해당하는 서류 등의 목록을 후보자등록신청개시일 전 30일까지 관할위원회에 제출하여야 한다. 다만, 보궐선거등의 경우에는 법 제8조에 따라 위탁신청을 할 때에 그 신청서와 함께 제출하여야 한다.
> ③ 법 제18조제2항제3호에 따른 기탁금의 납부는 관할위원회가 기탁금의 예치를 위하여 개설한 금융기관(우체국을 포함한다)의 예금계좌에 후보자등록을 신청하는 사람의 명의로 입금하고 해당 금융기관이 발행한 입금표를 제출하는 것으로 한다. 다만, 부득이한 사

> 유가 있는 경우에는 현금(금융기관이 발행한 자기앞수표를 포함한다)으로 납부할 수 있다.
> ④ 기탁금의 반환 및 귀속에 관하여는 해당 법령이나 정관등에 따른다.
> ⑤ 법 제18조제4항 및 제5항에 따른 피선거권에 관한 조사 및 범죄경력에 관한 기록조회는 별지 제7호서식에 따른다.

> [규칙] 제10조(후보자 등의 인영) 후보자·예비후보자가 되려는 사람은 해당 후보자등록신청서 또는 예비후보자등록신청서에 별지 제8호서식에 따른 각각의 인영을 첨부하여 관할위원회에 제출하여야 한다. 이 경우 후보자등록신청 시 후보자의 인영을 제출하지 아니한 때에는 제출된 해당 예비후보자의 인영을 후보자의 인영으로 한다.
> [전문개정 2018. 1. 19.]

제19조(등록무효) ① 관할위원회는 후보자등록 후에 다음 각 호의 어느 하나에 해당하는 사유가 있는 때에는 그 후보자의 등록은 무효로 한다.
 1. 후보자의 피선거권이 없는 것이 발견된 때
 2. 제18조제2항제1호부터 제3호까지의 규정에 따른 서류 등을 제출하지 아니한 것이 발견된 때
② 관할위원회가 후보자등록을 무효로 한 때에는 지체 없이 그 후보자와 해당 위탁단체에 등록무효의 사유를 명시하여 그 사실을 알려야 한다.

제20조(후보자사퇴의 신고) 후보자가 사퇴하려는 경우에는 자신이 직접 관할위원회에 가서 서면으로 신고하여야 한다.

> [규칙] 제11조(후보자사퇴의 신고) 법 제20조에 따른 후보자사퇴의 신고는 별지 제9호서식에 따른다.

제21조(후보자등록 등에 관한 공고) 관할위원회는 후보자가 등록·사퇴·사망하거나 등록이 무효로 된 때에는 지체 없이 그 사실을 공고하여야 한다.

제7장 선거운동

제22조(적용 제외) 제3조제1호가목에 해당하는 공공단체등이 위탁하는 선거 외의 위탁선거에는 이 장을 적용하지 아니한다. 다만, 제3조제1호다목에 따라 공공단체등이 임원 등의 선출을 위한 선거의 관리를 위탁하여야 하는 선거(「교육공무원법」 제24조의3에 따른 대학의 장 후보자 추천선거는 제외한다)에는 제31조부터 제34조까지, 제35조제1항부터 제4항까지, 제37조를 적용한다. <개정 2016. 12. 27.>

제23조(선거운동의 정의) 이 법에서 "선거운동"이란 당선되거나 되게 하거나 되지 못하게 하기

위한 행위를 말한다. 다만, 다음 각 호의 어느 하나에 해당하는 행위는 선거운동으로 보지 아니한다.
1. 선거에 관한 단순한 의견개진 및 의사표시
2. 입후보와 선거운동을 위한 준비행위

> **판 례** 공공단체등 위탁선거에 관한 법률 제23조에서 정한 '당선되게 할 목적'의 의미
>
> 공공단체등 위탁선거에 관한 법률(이하 '위탁선거법'이라고 한다)은 공공단체 등의 선거가 깨끗하고 공정하게 이루어지도록 함으로써 공공단체 등의 건전한 발전과 민주사회 발전에 기여하려는 데 입법 목적이 있으므로, 위탁선거법 제23조에서 규정하고 있는 '당선되게 할 목적'은 금전·물품·향응, 그 밖의 재산상의 이익이나 공사의 직(이하 이러한 재산상의 이익과 공사의 직을 통틀어 '재산상 이익 등'이라고 한다)을 제공받은 당해 선거인 등의 투표행위에 직접 영향을 미치는 행위나 재산상 이익 등을 제공받은 선거인 등으로 하여금 타인의 투표의사에 영향을 미치는 행위 또는 특정 후보자의 당락에 영향을 미치는 행위를 하게 만들 목적을 의미한다.[대법원 2017. 3. 22., 선고, 2016도16314, 판결]

제24조(선거운동의 주체·기간·방법) ① 후보자가 제25조부터 제30조의2까지의 규정에 따라 선거운동을 하는 경우를 제외하고는 누구든지 어떠한 방법으로도 선거운동을 할 수 없다. <개정 2015. 12. 24.>

② 선거운동은 후보자등록마감일의 다음 날부터 선거일 전일까지에 한정하여 할 수 있다. 다만, 다음 각 호의 어느 하나에 해당하는 경우에는 그러하지 아니하다. <개정 2017. 12. 26.>
1. 제24조제3항제3호에 따른 중앙회장선거의 후보자가 선거일 또는 결선투표일에 제28조제2호에 따른 문자메시지를 전송하는 방법으로 선거운동을 하는 경우
2. 제30조의2에 따라 후보자가 선거일 또는 결선투표일에 자신의 소견을 발표하는 경우

③ 선거별 선거운동방법은 다음 각 호와 같다. <개정 2015. 12. 24., 2016. 12. 27., 2017. 12. 26.>
1. 「농업협동조합법」 제45조제5항제1호, 「수산업협동조합법」 제46조제3항제1호 및 「산림조합법」 제35조제3항제1호에 따른 선출방법 중 총회 외에서 선출하는 조합장선거: 제25조부터 제30조까지의 규정에 따른 방법
2. 「농업협동조합법」 제45조제5항제1호, 「수산업협동조합법」 제46조제3항제1호 및 「산림조합법」 제35조제3항제1호에 따른 선출방법 중 총회에서 선출하는 조합장선거: 제25조부터 제30조의2까지의 규정에 따른 방법
3. 「농업협동조합법」, 「수산업협동조합법」에 따른 중앙회장선거, 「농업협동조합법」 제45조제5항제2호 및 「수산업협동조합법」 제46조제3항제2호에 따라 대의원회에서 선출하는 조합장선거: 제25조·제28조·제29조·제30조 및 제30조의2에 따른 방법(제30조에 따른 방법은 중앙회장선거에 한정한다)

| 판 례 | 구 공공단체등 위탁선거에 관한 법률 제24조 제1항, 제2항에서 선거운동을 제한적으로만 허용하고 그 외의 선거운동을 일체 금지하는 취지 |

구 「공공단체등 위탁선거에 관한 법률」(2017. 12. 26. 법률 제15327호로 개정되기 전의 것, 이하 '구 위탁선거법'이라고 한다) 제23조는 "이 법에서 '선거운동'이란 당선되거나 되게 하거나 되지 못하게 하기 위한 행위를 말한다."라고 규정하고 있다.

여기서 '선거운동'이란 위탁선거법 제3조에서 규정한 위탁선거에서의 당선 또는 낙선을 위하여 필요하고도 유리한 모든 행위로서 당선 또는 낙선을 도모한다는 목적의사가 객관적으로 인정될 수 있는 능동적·계획적인 행위를 말하는데, 구체적으로 어떠한 행위가 선거운동에 해당하는지를 판단할 때에는 단순히 행위의 명목뿐만 아니라 행위의 태양, 즉 행위가 행하여지는 시기·장소·방법 등을 종합적으로 관찰하여 그것이 특정 후보자의 당선 또는 낙선을 도모하는 목적의지를 수반하는 행위인지를 선거인의 관점에서 객관적으로 판단하여야 한다(대법원 2016. 8. 26. 선고 2015도11812 전원합의체 판결, 대법원 2017. 3. 22. 선고 2016도16314 판결 등 참조).

한편 공직선거법 제58조 제1항은 '선거운동'의 의미에 관하여 구 위탁선거법 제23조와 동일하게 규정하면서도 제2항에서 '누구든지 자유롭게 선거운동을 할 수 있다. 그러나 이 법 또는 다른 법률의 규정에 의하여 금지 또는 제한되는 경우에는 그러하지 아니하다.'라고 규정하여 대의민주주의의 실현을 위해 선거운동의 자유를 원칙으로 하면서 선거의 공정을 확보하기 위해 법률에 따라 선거운동이 금지 또는 제한될 수 있음을 선언한 뒤, 공직선거법 제58조의2 이하에서 허용되는 선거운동의 시기·장소·방법과 금지되는 행위에 대해 자세히 규정하고 있다. 이와 달리 구 위탁선거법 제24조 제1항은 '후보자가 제25조부터 제30조의2까지의 규정에 따라 선거운동을 하는 경우를 제외하고는 누구든지 어떠한 방법으로도 선거운동을 할 수 없다.', 제2항은 '선거운동은 후보자등록마감일의 다음 날부터 선거일 전일까지에 한정하여 할 수 있다.'라고 규정하여 선거운동의 주체·방법·시기를 제한된 범위에서 허용하면서 그 외의 선거운동을 일체 금지하고 있는데, 이는 공공단체 등의 임원 등의 선출을 위한 위탁선거가 가지는 고유한 특성을 고려하여 위탁선거의 과열과 혼탁을 방지함으로써 선거의 공정성을 담보하기 위한 것이다.

위탁선거 중 (선거명 생략)는 회원조합의 조합장 중에서 선출된 300명 이내의 대의원으로 구성된 대의원회에서 간선제 방식으로 이루어지므로 선거인들이 300명 이내로 소수이고, 적은 표 차이로 당락이 결정되며, 그 선거운동방법은 전화를 통하든 대면방식이든 후보자와 선거인의 직접적인 접촉이 주를 이루게 되고, 이에 따라 후보자의 행위가 선거의 당락에 직접적으로 영향을 미친다는 특징이 있다. 뿐만 아니라 회원조합에 대한 지도·감사 권한 등 (선거명 생략)의 당선인은 선거인인 대의원 조합장들에게 직접 영향력을 행사할 수 있기 때문에 선거인의 입장에서 누가 회장으로 당선되는지가 몹시 중요하고, (선거명 생략)에 대한 관심이 높을 수밖에 없다. 위와 같은 특성으로 인하여 (선거명 생략)는 자칫 과열·혼탁으로 빠질 위험이 높아 선거의 공정성 담보가 보다 높게 요구된다고 할 것이다(헌법재판소 2019. 7. 25. 선고 2018헌바85 전원재판부 결정 참조).

따라서 이 사건 각 신문기고 및 발송 행위가 '선거운동'에 해당하는지 여부를 판단함에 있어 구 위탁선거법이 선거운동을 제한적으로만 허용하고 그 외의 선거운동을 일체 금지하고 있는 취지, (선거명 생략)가 갖는 고유한 특성을 함께 고려할 필요가 있다.[대법원 2021. 4. 29. 선고 2019도14338 판결]

| 판 례 | 구 공공단체등 위탁선거에 관한 법률 제24조 제1항, 제66조 제1호에서 후보자 아닌 자의 선거운동을 전면 금지하고 이를 위반하는 행위를 처벌하는 취지 / 후보자가 제3자로 하여금 자신을 보조하여 선거운동을 하게 한 경우, 제3자의 행위가 같은 법 제24조 제1항에서 금지하는 '후보자 아닌 자의 선거운동'에 해당하는지 판단하는 기준 |

구 위탁선거법 제24조 제1항은 '후보자가 제25조부터 제30조의2까지의 규정에 따라 선거운동을 하는 경우를 제외하고는 누구든지 어떠한 방법으로도 선거운동을 할 수 없다.'라고 규정하고 있고, 제66조 제1호는 '제

24조를 위반하여 후보자가 아닌 자가 선거운동을 한 경우 2년 이하의 징역 또는 2천만 원 이하의 벌금에 처한다.'라고 규정하고 있다. 구 위탁선거법이 후보자 아닌 자의 선거운동을 전면 금지하고, 이를 위반하는 행위를 처벌하는 것은 공공단체 등의 임원 등의 선출을 위한 위탁선거에서 선거운동의 과열과 혼탁선거를 방지하고 선거의 공정을 담보하기 위한 것임은 앞서 본 바와 같다.

그러나 위탁선거에서 선거운동에 관한 개개의 모든 행위를 후보자 자신이 직접 실행하는 것은 현실적으로 불가능하므로, 후보자가 제3자로 하여금 자신을 보조하여 사실행위를 하게 하는 정도에 불과한 등 제3자의 행위가 후보자 자신이 직접 실행하는 것과 다름없는 것으로 볼 수 있는 경우에는 후보자의 선거운동으로 보아 허용된다고 할 것이지만, 그렇지 아니한 경우에는 구 위탁선거법 제24조 제1항이 금지하는 '후보자 아닌 자의 선거운동'에 해당한다고 봄이 타당하다.[대법원 2021. 4. 29. 선고 2019도14338 판결]

제24조의2(예비후보자) ① 제24조제3항제3호에 따른 중앙회장선거의 예비후보자가 되려는 사람은 선거기간개시일 전 30일부터 관할위원회에 예비후보자등록을 서면으로 신청하여야 한다.
② 제1항에 따라 예비후보자등록을 신청하는 사람은 해당 법령이나 정관 등에 따른 피선거권에 관한 증명서류를 제출하여야 한다.
③ 제1항에 따른 등록신청을 받은 관할위원회는 이를 지체 없이 수리하여야 한다.
④ 관할위원회는 피선거권을 확인할 필요가 있다고 인정되는 예비후보자에 대하여 관계 기관의 장에게 필요한 사항을 조회할 수 있다. 이 경우 관계 기관의 장은 지체 없이 해당 사항을 조사하여 회보하여야 한다.
⑤ 예비후보자등록 후에 피선거권이 없는 것이 발견된 때에는 그 예비후보자의 등록은 무효로 한다.
⑥ 예비후보자가 사퇴하려는 경우에는 자신이 직접 관할위원회에 가서 서면으로 신고하여야 한다.
⑦ 제24조에도 불구하고 예비후보자는 다음 각 호의 어느 하나에 해당하는 방법으로 선거운동을 할 수 있다.
 1. 제28조 및 제29조에 따른 방법
 2. 제30조에 따른 방법(위탁단체가 사전에 공개한 행사장에서 하는 경우에 한정한다)
⑧ 제18조에 따라 후보자로 등록한 사람은 선거기간개시일 전일까지 예비후보자를 겸하는 것으로 본다.
⑨ 예비후보자등록신청서의 서식, 그 밖에 필요한 사항은 중앙선거관리위원회규칙으로 정한다.
[본조신설 2017. 12. 26.]

> **[규칙] 제11조의2(예비후보자등록)** ① 법 제24조의2제1항에 따른 예비후보자등록신청은 별지 제6호서식에 따른다.
> ② 위탁단체는 법 제24조의2제2항에 따른 피선거권에 관한 증명서류의 목록을 예비후보자등록신청개시일 전 30일까지 관할위원회에 제출하여야 한다. 다만, 보궐선거등의 경우에는 법 제8조에 따라 위탁신청을 할 때에 그 신청서와 함께 제출하여야 한다.
> ③ 관할위원회는 법 제24조의2제4항에 따른 피선거권(해당 법령이나 정관 등에서 정하는 범죄경력을 포함한다)의 확인을 위하여 필요한 사항을 별지 제7호서식에 따라 관계기관의 장(범죄경력의 경우 해당 위탁단체의 주된 사무소 소재지를 관할하는 검찰청의 장)에게 조회 할 수 있다.
> ④ 법 제24조의2제6항에 따른 예비후보자의 사퇴신고는 별지 제9호서식에 따른다.
> ⑤ 관할위원회는 예비후보자가 등록·사퇴·사망하거나 등록이 무효로 된 때에는 지체 없이 그 사실을 공고하여야 한다.
> ⑥ 법 및 이 규칙에 따라 관할위원회에 대하여 행하는 예비후보자등록신청은 일반직 국가공무원의 정상근무일의 오전 9시부터 오후 6시까지 하여야 한다. 다만, 예비후보자등록신청 개시일에는 토요일 또는 공휴일에도 불구하고 오전 9시부터 오후 6시까지 할 수 있다.
> [본조신설 2018. 1. 19.]

제25조(선거공보) ① 후보자는 선거운동을 위하여 선거공보 1종을 작성할 수 있다. 이 경우 후보자는 선거인명부확정일 전일까지 관할위원회에 선거공보를 제출하여야 한다.
② 관할위원회는 제1항에 따라 제출된 선거공보를 선거인명부확정일 후 2일까지 제43조에 따른 투표안내문과 동봉하여 선거인에게 발송하여야 한다.
③ 후보자가 제1항 후단에 따른 기한까지 선거공보를 제출하지 아니하거나 규격을 넘는 선거공보를 제출한 때에는 그 선거공보는 발송하지 아니한다.
④ 제출된 선거공보는 정정 또는 철회할 수 없다. 다만, 오기나 이 법에 위반되는 내용이 게재되었을 경우에는 제출마감일까지 해당 후보자가 정정할 수 있다.
⑤ 선거인은 선거공보의 내용 중 경력·학력·학위·상벌에 관하여 거짓으로 게재되어 있음을 이유로 이의제기를 하는 때에는 관할위원회에 서면으로 하여야 하고, 이의제기를 받은 관할위원회는 후보자와 이의제기자에게 그 증명서류의 제출을 요구할 수 있으며, 그 증명서류의 제출이 없거나 거짓 사실임이 판명된 때에는 그 사실을 공고하여야 한다.
⑥ 관할위원회는 제5항에 따라 허위게재사실을 공고한 때에는 그 공고문 사본 1매를 선거일에 투표소의 입구에 첨부하여야 한다.
⑦ 선거공보의 작성수량·규격·면수·제출, 그 밖에 필요한 사항은 중앙선거관리위원회규칙으로 정한다.

[규칙] 제12조(선거공보) ① 법 제25조제1항에 따른 선거공보의 규격·면수 및 앞면에 적어야 할 사항은 다음 각 호에 따른다. 〈개정 2018. 9. 21.〉
  1. 규격: 길이 27센티미터 너비 19센티미터 이내
  2. 면수: 8면 이내
  3. 앞면에 적어야 할 사항: 선거명, 후보자의 기호 및 성명
 ② 선거공보의 작성수량·제출수량은 제3항에 따른 예상 선거인수에 그 100분의 10을 더한 수로 한다. 이 경우 작성·제출할 수량의 단수가 10미만인 때에는 10매로 한다.
 ③ 위탁단체는 후보자등록신청개시일 전 10일까지 별지 제10호서식에 따라 예상 선거인수를 관할위원회에 통보하여야 한다.
 ④ 관할위원회는 후보자등록신청개시일 전 5일까지 선거공보의 작성수량·제출수량 및 제출장소를 공고하여야 한다.
 ⑤ 후보자의 선거공보 제출은 별지 제11호서식에 따른다.
 ⑥ 후보자가 제출한 선거공보의 수량이 선거인수에 미달하는 경우에는 선거인명부등재순에 따라 제출매수에 달하는 순위자까지 발송한다.
 ⑦ 법 제25조제4항에 따라 후보자가 선거공보를 정정하려는 때에는 별지 제12호서식에 따라 관할위원회에 요청하여야 한다.
 ⑧ 법 제25조제5항에 따른 이의제기는 별지 제13호서식에 따라 하여야 하며, 관할위원회로부터 이의제기에 대한 증명서류의 제출을 요구받은 후보자와 이의제기자는 그 요구를 받은 날부터 3일 이내에 관련 증명서류를 제출하여야 한다.
 ⑨ 법 제25조제5항에 따른 이의제기는 선거공보의 제출·접수 또는 발송의 계속진행에 영향을 주지 아니한다.

제26조(선거벽보) ① 후보자는 선거운동을 위하여 선거벽보 1종을 작성할 수 있다. 이 경우 후보자는 선거인명부확정일 전일까지 관할위원회에 선거벽보를 제출하여야 한다.
② 관할위원회는 제1항에 따라 제출된 선거벽보를 제출마감일 후 2일까지 해당 위탁단체의 주된 사무소와 지사무소의 건물 또는 게시판에 첩부하여야 한다.
③ 제25조제3항부터 제6항까지의 규정은 선거벽보에 이를 준용한다. 이 경우 "선거공보"는 "선거벽보"로, "발송"은 "첩부"로, "규격을 넘는"은 "규격을 넘거나 미달하는"으로 본다.
④ 선거벽보의 작성수량·첩부수량·규격·제출, 그 밖에 필요한 사항은 중앙선거관리위원회규칙으로 정한다.

[규칙] 제13조(선거벽보) ① 법 제26조제1항에 따른 선거벽보는 길이 53센티미터 너비 38센티미터로 하되, 길이를 상하로 하여 종이로 작성한다. 〈개정 2018. 9. 21.〉
 ② 후보자가 제출할 선거벽보의 수량은 제5항에 따라 해당 위탁단체로부터 통보받은 첩부수량에 그 100분의 10을 더한 수로 하고, 후보자가 보완첩부를 위하여 보관할 수량은 제5항에 따라 해당 위탁단체로부터 통보받은 첩부수량의 100분의 30에 해당하는 수로 한다. 이 경우 후보자가 작성할 수 있는 총수량의 단수가 10미만인 때에는 10매로 한다.

> ③ 후보자가 제출한 선거벽보의 수량이 첨부수량에 미달하는 경우 관할위원회는 제5항에 따라 통보받은 첨부장소 중에서 선거벽보를 첨부하지 아니할 장소를 지정한다.
> ④ 후보자는 관할위원회가 첨부한 선거벽보가 오손되거나 훼손되어 보완첨부하려는 때에는 제5항에 따라 공고된 수량의 범위에서 그 선거벽보 위에 덧붙여야 한다.
> ⑤ 제12조제3항부터 제5항까지 및 제7항부터 제9항까지의 규정은 선거벽보에 이를 준용한다. 이 경우 "예상 선거인수"는 "선거벽보의 첨부수량 및 첨부장소"로, "선거공보"는 "선거벽보"로, "작성수량·제출수량"은 "작성수량·제출수량·첨부수량"으로, "발송"은 "첨부"로 본다.

제27조(어깨띠·윗옷·소품) 후보자는 선거운동기간 중 어깨띠나 윗옷(上衣)을 착용하거나 소품을 이용하여 선거운동을 할 수 있다.

제28조(전화를 이용한 선거운동) 후보자는 선거운동기간 중 다음 각 호의 어느 하나에 해당하는 방법으로 선거운동을 할 수 있다. 다만, 오후 10시부터 다음 날 오전 7시까지는 그러하지 아니하다.

1. 전화를 이용하여 송화자·수화자 간 직접 통화하는 방법
2. 문자(문자 외의 음성·화상·동영상 등은 제외한다)메시지를 전송하는 방법

제29조(정보통신망을 이용한 선거운동) ① 후보자는 선거운동기간 중 다음 각 호의 어느 하나에 해당하는 방법으로 선거운동을 할 수 있다.

1. 해당 위탁단체가 개설·운영하는 인터넷 홈페이지의 게시판·대화방 등에 글이나 동영상 등을 게시하는 방법
2. 전자우편(컴퓨터 이용자끼리 네트워크를 통하여 문자·음성·화상 또는 동영상 등의 정보를 주고받는 통신시스템을 말한다)을 전송하는 방법

② 관할위원회는 이 법에 위반되는 정보가 인터넷 홈페이지의 게시판·대화방 등에 게시된 때에는 그 인터넷 홈페이지의 관리자·운영자 또는 「정보통신망 이용촉진 및 정보보호 등에 관한 법률」 제2조(정의)제1항제3호에 따른 정보통신서비스 제공자(이하 이 조에서 "정보통신서비스 제공자"라 한다)에게 해당 정보의 삭제를 요청할 수 있다. 이 경우 그 요청을 받은 인터넷 홈페이지의 관리자·운영자 또는 정보통신서비스 제공자는 지체 없이 이에 따라야 한다.

③ 제2항에 따라 정보가 삭제된 경우 해당 정보를 게시한 사람은 그 정보가 삭제된 날부터 3일 이내에 관할위원회에 서면으로 이의신청을 할 수 있다.

④ 위법한 정보의 게시에 대한 삭제 요청, 이의신청, 그 밖에 필요한 사항은 중앙선거관리위원회규칙으로 정한다.

> **[규칙] 제14조(위법게시물에 대한 삭제요청)** ① 관할위원회가 법 제29조제2항에 따라 법에 위반되는 정보의 삭제를 요청할 때에는 다음 각 호의 사항을 기재한 서면[「선거관리위원회 사무관리규칙」 제3조(정의)제5호에 따른 전자문서를 포함한다]으로 한다.
>   1. 법에 위반되는 정보가 게시된 인터넷 홈페이지의 게시판·대화방 등의 주소
>   2. 법에 위반되는 정보의 내용
>   3. 요청근거 및 요청내용
>   4. 요청사항의 이행기간
>   5. 불응시 조치사항
> ② 법 제29조제3항에 따른 이의신청은 별지 제14호서식에 따른다. 이 경우 관할위원회는 이의신청서에 기재사항이나 서명 또는 날인이 누락되었거나 명확하지 아니하다고 인정될 때에는 해당 이의신청인에게 보정기간을 정하여 보정을 요구할 수 있다.
> ③ 관할위원회는 이의신청이 법 제29조제3항의 이의신청기간을 지난 경우에는 그 이의신청을 각하한다.
> ④ 관할위원회는 이의신청이 이유 있다고 인정되는 경우에는 해당 인터넷 홈페이지의 관리자·운영자 또는 정보통신서비스 제공자에 대한 법 제29조제2항의 요청을 철회하고 이의신청인에게 그 처리결과를, 이유 없다고 인정되는 경우에는 이를 기각하고 이의신청인에게 그 뜻을 각각 통지하여야 한다.

제30조(명함을 이용한 선거운동) 후보자는 선거운동기간 중 다수인이 왕래하거나 집합하는 공개된 장소에서 길이 9센티미터 너비 5센티미터 이내의 선거운동을 위한 명함을 선거인에게 직접 주거나 지지를 호소하는 방법으로 선거운동을 할 수 있다. 다만, 중앙선거관리위원회 규칙으로 정하는 장소에서는 그러하지 아니하다.

> **[규칙] 제15조(명함배부 제한장소)** 법 제30조 단서에서 "중앙선거관리위원회규칙으로 정하는 장소"란 다음 각 호의 어느 하나에 해당하는 장소를 말한다.
>   1. 병원·종교시설·극장의 안
>   2. 위탁단체의 주된 사무소나 지사무소의 건물의 안

제30조의2(선거일 후보자 소개 및 소견발표) ① 제24조제3항제2호 및 제3호에 따른 조합장선거 또는 중앙회장선거에서 투표관리관 또는 투표관리관이 지정하는 사람(이하 이 조에서 "투표관리관등"이라 한다)은 선거일 또는 제52조에 따른 결선투표일(제24조제3항제3호에 따른 중앙회장선거에 한정한다)에 투표를 개시하기 전에 투표소 또는 총회나 대의원회가 개최되는 장소(이하 이 조에서 "투표소등"이라 한다)에서 선거인에게 기호순에 따라 각 후보자를 소개하고 후보자로 하여금 조합운영에 대한 자신의 소견을 발표하게 하여야 한다. 이 경우 발표시간은 후보자마다 10분의 범위에서 동일하게 배정하여야 한다. <개정 2017. 12. 26.>
② 후보자가 자신의 소견발표 순서가 될 때까지 투표소등에 도착하지 아니한 때에는 소견발표를

포기한 것으로 본다.

③ 투표관리관등은 후보자가 제61조 또는 제62조에 위반되는 발언을 하는 때에는 이의 중지를 명하여야 하고 후보자가 이에 따르지 아니하는 때에는 소견발표를 중지시키는 등 필요한 조치를 취하여야 한다.

④ 투표관리관등은 투표소등에서 후보자가 소견을 발표하는 것을 방해하거나 질서를 문란하게 하는 사람이 있는 때에는 이를 제지하고, 그 명령에 불응하는 때에는 투표소등 밖으로 퇴장시킬 수 있다.

⑤ 제1항에 따른 후보자 소개 및 소견발표 진행, 그 밖에 필요한 사항은 중앙선거관리위원회규칙으로 정한다.

[본조신설 2015. 12. 24.]

> [규칙] **제15조의2(선거일 등 후보자 소개 및 소견발표)** ① 관할위원회는 후보자 소견발표(결선투표의 경우를 포함한다) 개시시간·장소 및 발표시간을 정한 후 제18조제1항에 따라 투표소의 명칭과 소재지를 공고할 때 함께 공고하여야 한다. 이 경우 선거일 또는 결선투표일이나 투표소가 변경되는 등 부득이한 사유로 소견발표 일시 또는 장소를 변경한 때에는 지체 없이 그 사실을 공고하고 후보자와 위탁단체에 통지하여야 한다. 〈개정 2018. 1. 19.〉
> ② 관할위원회와 투표관리관은 선거일 또는 결선투표일 전일까지 후보자 소견발표에 필요한 설비를 하여야 한다. 〈개정 2018. 1. 19.〉
> ③ 법 제30조의2제1항에 따라 투표관리관이 후보자를 소개할 사람을 지정하는 경우에는 위탁단체의 구성원이 아닌 사람 중에서 공정한 사람으로 선정하여야 한다.
> ④ 법 제30조의2제1항에 따라 후보자를 소개할 때에는 해당 후보자의 소견발표 순서에 그 기호, 성명 및 경력을 소개하는 방법으로 한다. 이 경우 경력은 해당 후보자의 후보자등록신청서에 기재된 경력에 따른다.
> ⑤ 후보자가 소견발표를 하는 장소에는 특정 후보자를 지지·추천하거나 반대하는 내용의 시설물·인쇄물, 그 밖의 선전물을 설치·게시 또는 첨부할 수 없다.
> ⑥ 그 밖에 후보자 소견발표의 실시에 관하여 필요한 사항은 중앙선거관리위원회 위원장이 정한다.
> [본조신설 2015. 12. 24.]
> [제목개정 2018. 1. 19.]

제31조(지위를 이용한 선거운동금지 등) 위탁단체의 임직원은 다음 각 호의 어느 하나에 해당하는 행위를 할 수 없다.

1. 지위를 이용하여 선거운동을 하는 행위
2. 지위를 이용하여 선거운동의 기획에 참여하거나 그 기획의 실시에 관여하는 행위
3. 후보자(후보자가 되려는 사람을 포함한다)에 대한 선거권자의 지지도를 조사하거나 이를 발표하는 행위

제32조(기부행위의 정의) 이 법에서 "기부행위"란 다음 각 호의 어느 하나에 해당하는 사람이나 기관·단체·시설을 대상으로 금전·물품 또는 그 밖의 재산상 이익을 제공하거나 그 이익제공의 의사를 표시하거나 그 제공을 약속하는 행위를 말한다.

1. 선거인(선거인명부를 작성하기 전에는 그 선거인명부에 오를 자격이 있는 자를 포함한다. 이하 이 조에서 같다)이나 그 가족(선거인의 배우자, 선거인 또는 그 배우자의 직계존비속과 형제자매, 선거인의 직계존비속 및 형제자매의 배우자를 말한다. 이하 같다)
2. 선거인이나 그 가족이 설립·운영하고 있는 기관·단체·시설

판례	[1] 공공단체등 위탁선거에 관한 법률 제32조에 해당하는 금전·물품 등의 제공행위는 같은 법 제33조에서 허용되는 것으로 열거된 행위에 해당하지 않는 이상, 조합장 등의 재임 중 기부행위금지 위반을 처벌하는 같은 법 제59조의 구성요건해당성이 인정되는지 여부(적극[6])
	[2] 공공단체등 위탁선거에 관한 법률 제59조, 제35조 제5항이 농업협동조합 조합장으로 하여금 재임 중 일체의 기부행위를 할 수 없도록 규정한 취지
	[3] 공공단체등 위탁선거에 관한 법률 제33조 제1항 제1호 (나)목의 '직무상의 행위'에 해당하기 위한 요건 및 그중 위탁단체가 금품을 위탁단체의 명의로 제공하는 것에 해당하는지 판단하는 방법
	[4] 출연자와 기부행위자가 외형상 일치하지 않는 경우, 실질적 기부행위자를 특정하는 방법 / 공공단체등 위탁선거에 관한 법률상 금지되는 기부행위의 구성요건에 해당하는 행위에 위법성 조각사유가 인정되는지 판단하는 방법

[1] 공공단체등 위탁선거에 관한 법률(이하 '위탁선거법'이라고 한다) 제35조 제5항은 '농업협동조합법에 따른 조합장 등은 재임 중에 기부행위를 할 수 없다.'고 규정하고 제59조는 이를 위반한 자를 처벌하도록 규정하고 있으며, 제32조는 위와 같이 금지되는 기부행위의 정의를 '선거인(선거인명부를 작성하기 전에는 그 선거인명부에 오를 자격이 있는 자를 포함한다)이나 그 가족(선거인의 배우자, 선거인 또는 그 배우자의 직계존비속과 형제자매, 선거인의 직계존비속 및 형제자매의 배우자를 말한다), 선거인이나 그 가족이 설립·운영하고 있는 기관·단체·시설을 대상으로 금전·물품 또는 그 밖의 재산상 이익을 제공하거나 그 이익제공의 의사를 표시하거나 그 제공을 약속하는 행위'로 규정한 후, 제33조에서 기부행위로 보지 않는 행위로서 직무상의 행위, 의례적 행위 등을 열거하면서 같은 조 제1항 제1호 (나)목에서 직무상의 행위 중 하나로서 '위탁단체가 해당 법령이나 정관 등에 따른 사업계획 및 수지예산에 따라 집행하는 금전·물품을 그 위탁단체의 명의로 제공하는 행위'를 규정하고 있다. 이러한 위탁선거법의 규정방식에 비추어, 위탁선거법 제32조에 해당하는 금전·물품 등의 제공행위는 같은 법 제33조에서 허용되는 것으로 열거된 행위에 해당하지 아니하는 이상, 조합장 등의 재임 중 기부행위금지 위반을 처벌하는 같은 법 제59조의 구성요건해당성이 인정된다.[대법원 2022. 2. 24., 선고, 2020도17430, 판결]

[2] 농업협동조합(이하 '농협'이라고 한다)은 농업협동조합법이 정하는 국가적 목적을 위하여 설립되는 공공성이 강한 법인으로, 공공단체등 위탁선거에 관한 법률(이하 '위탁선거법'이라고 한다) 제59조, 제35조 제5항이 농협의 조합장으로 하여금 선거 관련 여부를 불문하고 재임 중 일체의 기부행위를 할 수 없도록 규정한 취지는 기부행위라는 명목으로 매표행위를 하는 것을 방지함으로써 조합장 선거의 공정성을 확보하기 위한 것이다. 즉, 위와 같은 기부행위가 조합장의 지지기반을 조성하는 데에 기여하거나 조합원에 대한 매수행위와 결부될 가능성이 높아 이를 허용할 경우 조합장 선거 자체가 후보자의 인물·식견 및 정책 등을 평가받는 기회가 되기보다는 후보자의 자금력을 겨루는 과정으로 타락할 위험성이 있어 이를 방지하기 위한 것이다. 특

히 농협 조합장은 조합원 중에서 정관이 정하는 바에 따라 조합원이 총회 또는 총회 외에서 투표로 직접 선출하거나, 대의원회가 선출하거나, 이사회가 이사 중에서 선출하므로(농업협동조합법 제45조 제5항), 조합장 선거는 투표자들이 비교적 소수로서 서로를 잘 알고 있고 인정과 의리를 중시하는 특정집단 내에서 이루어지며, 적은 표 차이로 당락이 결정되고 그 선거운동방법은 후보자와 선거인의 직접적인 접촉이 주를 이루게 되며, 이에 따라 후보자의 행위가 선거의 당락에 직접적으로 영향을 미친다는 특징이 있다. 뿐만 아니라 조합장 선거의 당선인은 지역농협을 대표하고 총회와 이사회의 의장이 되며, 지역농협의 직원을 임면하는 등(농업협동조합법 제46조 제1항, 제3항, 제56조 제1항) 지역농협의 존속·발전에 상당한 영향력을 미칠 수 있기 때문에 선거인의 입장에서 누가 조합장으로 당선되는지가 중요하고, 조합장 선거에 관심이 높을 수밖에 없다. 위와 같은 특성으로 인하여 조합장 선거는 자칫 과열·혼탁으로 빠질 위험이 높아 선거의 공정성 담보가 보다 높게 요구된다고 할 것인바, 조합장으로 하여금 재임 중 일체의 기부행위를 금지하는 것은 위탁선거가 가지는 고유한 특성을 고려하여 위탁선거의 과열과 혼탁을 방지하고 나아가 선거의 공정성 담보를 도모하기 위함이다.[대법원 2022. 2. 24., 선고, 2020도17430, 판결]

[3] 공공단체등 위탁선거에 관한 법률(이하 '위탁선거법'이라고 한다) 제33조 제1항 제1호 (나)목이 규정한 '직무상의 행위'에 해당하는 경우 조합장의 재임 중 기부행위금지 위반을 처벌하는 같은 법 제59조 위반죄의 구성요건해당성이 없게 되는바, 위 '직무상의 행위'에 해당하기 위해서는 위탁선거법 제33조 제1항 제1호 (나)목이 규정한 바와 같이 위탁단체가 금전·물품(이하 '금품'이라고 한다)을 위탁단체의 명의로 제공하여야 할 뿐만 아니라 금품의 제공은 위탁단체의 사업계획 및 수지예산에 따라 집행되어야 하고, 이러한 사업계획 및 수지예산은 법령이나 정관 등에 근거한 것이어야 한다.

여기서 위탁단체가 금품을 위탁단체의 명의로 제공하는 것에 해당하는지는 대상자 선정과 집행과정에서 사전계획·내부결재나 사후보고 등 위탁단체 내부의 공식적 절차를 거쳤는지, 금품 제공이 위탁단체의 사업수행과 관련성이 있는지, 금품 제공 당시 제공의 주체가 위탁단체임을 밝혔는지, 수령자가 금품 제공의 주체를 위탁단체로 인식했는지, 금품의 제공 여부는 물론 제공된 금품의 종류와 가액·제공 방식 등에 관해 기존에 동일하거나 유사한 관행이 있었는지, 그 밖에 금품 제공에 이른 동기와 경위 등을 종합적으로 고려하여 판단하여야 한다.

단순히 제공된 금품이 위탁단체의 사업계획 및 수지예산에 따라 집행되었다는 사정만으로는 위와 같은 '직무상의 행위'에 해당한다고 할 수 없고, 특히 직무행위의 외관을 빌렸으나 실질적으로는 금품 제공의 효과를 위탁단체의 대표자 개인에게 돌리려는 의도가 드러나는 경우에는 '직무상의 행위'로 볼 수 없다.[대법원 2022. 2. 24., 선고, 2020도17430, 판결]

[4] 기부행위는 출연자가 기부행위자가 되는 것이 통례이지만, 기부행위를 한 것으로 평가되는 주체인 기부행위자는 항상 금전·물품(이하 '금품'이라고 한다) 또는 재산상 이익 등의 사실상 출연자에 한정되는 것은 아니며, 출연자와 기부행위자가 외형상 일치하지 않는 경우에는 금품이나 재산상 이익 등이 출연된 동기 또는 목적, 출연행위와 기부행위의 실행 경위, 기부자와 출연자 그리고 기부받는 자와의 관계 등 모든 사정을 종합하여 실질적 기부행위자를 특정하여야 한다.

다만 공공단체등 위탁선거에 관한 법률상 금지되는 기부행위의 구성요건에 해당하는 행위라고 하더라도, 그것이 지극히 정상적인 생활형태의 하나로서 역사적으로 생성된 사회질서의 범위 안에 있는 것이라고 볼 수 있는 경우에는 일종의 의례적 행위나 직무상의 행위로서 사회상규에 위배되지 아니하여 위법성이 조각되는 경우가 있을 수 있지만, 이러한 위법성조각사유의 인정은 신중하게 하여야 하고, 그 판단에 있어서는 기부대상자의 범위와 지위 및 선정 경위, 기부행위에 제공된 금품 등의 종류와 가액, 기부행위 시점, 기부행위와 관련한 기존의 관행, 기부행위자와 기부대상자와의 관계 등 제반 사정을 종합적으로 고려하여야 한다.[대법원 2022. 2. 24., 선고, 2020도17430, 판결]

제33조(기부행위로 보지 아니하는 행위) ① 다음 각 호의 어느 하나에 해당하는 행위는 기부행위로 보지 아니한다.

1. 직무상의 행위[7][8][9]

   가. 기관·단체·시설(나목에 따른 위탁단체를 제외한다)이 자체사업계획과 예산에 따라 의례적인 금전·물품을 그 기관·단체·시설의 명의로 제공하는 행위(포상을 포함하되, 화환·화분을 제공하는 행위는 제외한다. 이하 나목에서 같다)

   나. 위탁단체가 해당 법령이나 정관등에 따른 사업계획 및 수지예산에 따라 집행하는 금전·물품을 그 위탁단체의 명의로 제공하는 행위

   다. 물품구매·공사·역무의 제공 등에 대한 대가의 제공 또는 부담금의 납부 등 채무를 이행하는 행위

   라. 가목부터 다목까지의 규정에 따른 행위 외에 법령에 근거하여 물품 등을 찬조·출연 또는 제공하는 행위

2. 의례적 행위

   가. 「민법」 제777조(친족의 범위)[10]에 따른 친족(이하 이 조에서 "친족"이라 한다)의 관혼상제의식이나 그 밖의 경조사에 축의·부의금품을 제공하는 행위

   나. 친족 외의 사람의 관혼상제의식에 통상적인 범위에서 축의·부의금품(화환·화분을 제외한다)을 제공하거나 주례를 서는 행위

   다. 관혼상제의식이나 그 밖의 경조사에 참석한 하객이나 조객 등에게 통상적인 범위에서 음식

---

[6] '적극'이란 소 제기 내용을 받아들이는 것, 즉 인용(認容)을 말한다. '소극'이란 소 제기 내용을 받아들이지 않는 것, 즉 기각(棄却)이나 각하(却下)를 말한다. '기각'이란 소송에 있어서 원고의 소에 의한 청구나 상소인의 상소에 의한 불복신청을 이유가 없다고 하여 배척하는 판결 또는 결정을 말하고, '각하'란 소송법상 당사자의 소송상 신청이 부적법하여 배척하는 재판을 말한다.

[7] 새마을금고 이사장 기부사건 참조 : 새마을금고 예산차원에서 정당하게 집행된 경우 사회상규에 반하지 않는다고 판시한 사건이다(대법원 2007.9.7. 선고 2007도3823 판결).

[8] 조합이 법령과 정관에 따른 사업계획 및 수지예산에 따라 조합의 명의로 기념품, 상품권 등의 물품을 제공하는 행위는 직무상 행위에 해당한다고 판단(단, 공직선거의 후보자가 되고자 하는 조합장의 명의를 밝히거나 그가 하는 것으로 추정할 수 있는 방법으로 금품을 제공하는 행위는 금지됨)한 사례 참조(중앙선거관리위원회 질의회답 2006.1.24.)

[9] 중앙선거관리위원회가 기부행위로 회신한 사례 참조 : 주부대학교양강좌에서 무료 또는 통상적인 가격으로 볼 수 없는 싼 값으로 회원들에게 식사교통편의 등을 제공하거나 운동기구·노래방·샤워장 등을 회원들에게 이용할 수 있도록 하는 행위(중앙선거관리위원회 질의회답 1994.7.16.). 다만 당해 장소 안에 부속되어 있거나 비치되어 있어 평소 근무자 또는 거주자가 이용하는 간단한 샤워시설이나 운동기구(영업용을 제외함)를 필요시 회원들이 이용하는 것은 무방할 것임.

[10] <민법>
제777조(친족의 범위) 친족관계로 인한 법률상 효력은 이 법 또는 다른 법률에 특별한 규정이 없는 한 다음 각호에 해당하는 자에 미친다.
1. 8촌 이내의 혈족
2. 4촌 이내의 인척
3. 배우자
[전문개정 1990. 1. 13.]

물 또는 답례품을 제공하는 행위
        라. 소속 기관·단체·시설(위탁단체는 제외한다)의 유급 사무직원이나 친족에게 연말·설 또는 추석에 의례적인 선물을 제공하는 행위
        마. 친목회·향우회·종친회·동창회 등 각종 사교·친목단체 및 사회단체의 구성원으로서 그 단체의 정관 등 또는 운영관례상의 의무에 기하여 종전의 범위에서 회비를 납부하는 행위
        바. 평소 자신이 다니는 교회·성당·사찰 등에 통상의 예에 따라 헌금(물품의 제공을 포함한다)하는 행위
    3. 「공직선거법」 제112조제2항제3호[11])에 따른 구호적·자선적 행위에 준하는 행위
    4. 그 밖에 제1호부터 제3호까지의 어느 하나에 준하는 행위로서 중앙선거관리위원회규칙으로 정하는 행위[12])
② 제1항에 따라 통상적인 범위에서 1명에게 제공할 수 있는 축의·부의금품, 음식물, 답례품 및 의례적인 선물의 금액범위는 중앙선거관리위원회규칙으로 정한다.

---

[11]) <공직선거법>
제112조(기부행위의 정의 등) ①(생 략)
②제1항의 규정에 불구하고 다음 각 호의 어느 하나에 해당하는 행위는 기부행위로 보지 아니한다. <개정 2004. 3. 12., 2005. 8. 4., 2008. 2. 29., 2010. 1. 25., 2013. 8. 13., 2017. 3. 9.>
1. - 2. (생 략)
3. 구호적·자선적 행위
가. 법령에 의하여 설치된 사회보호시설중 수용보호시설에 의연금품을 제공하는 행위
나. 「재해구호법」의 규정에 의한 구호기관(전국재해구호협회를 포함한다) 및 「대한적십자사 조직법」에 의한 대한적십자사에 천재·지변으로 인한 재해의 구호를 위하여 금품을 제공하는 행위
다. 「장애인복지법」 제58조에 따른 장애인복지시설(유료복지시설을 제외한다)에 의연금품·구호금품을 제공하는 행위
라. 「국민기초생활 보장법」에 의한 수급권자인 중증장애인에게 자선·구호금품을 제공하는 행위
마. 자선사업을 주관·시행하는 국가·지방자치단체·언론기관·사회단체 또는 종교단체 그 밖에 국가기관이나 지방자치단체의 허가를 받아 설립된 법인 또는 단체에 의연금품·구호금품을 제공하는 행위. 다만, 광범위한 선거구민을 대상으로 하는 경우 제공하는 개별 물품 또는 그 포장지에 직명·성명 또는 그 소속 정당의 명칭을 표시하여 제공하는 행위는 제외한다.
바. 자선·구호사업을 주관·시행하는 국가·지방자치단체, 그 밖의 공공기관·법인을 통하여 소년·소녀가장과 후원인으로 결연을 맺고 정기적으로 제공하여 온 자선·구호금품을 제공하는 행위
사. 국가기관·지방자치단체 또는 구호·자선단체가 개최하는 소년·소녀가장, 장애인, 국가유공자, 무의탁노인, 결식자, 이재민, 「국민기초생활 보장법」에 따른 수급자 등을 돕기 위한 후원회 등의 행사에 금품을 제공하는 행위. 다만, 개별 물품 또는 그 포장지에 직명·성명 또는 그 소속 정당의 명칭을 표시하여 제공하는 행위는 제외한다.
아. 근로청소년을 대상으로 무료학교(야학을 포함한다)를 운영하거나 그 학교에서 학생들을 가르치는 행위
[12]) 향응, 고사헌금 그리고 사전선거운동 사건 참조 : 술값과 식사대를 반환받았더라도 이미 기부행위가 성립되었으며, 조기축구회 고사시 20만원 기부는 사회상규에 반하지 않는 통상적인 축의금으로 볼 수 없다고 판단한 공직선거법 관련 사건이다(대법원 2005.9.9. 선고2005도2014 판결).

> **[규칙] 제16조(축의·부의금품 등의 금액의 범위)** 법 제33조제2항에 따른 금액범위는 다음 각 호와 같다.
>   1. 법 제33조제1항제2호 나목에 따른 축의·부의금품: 5만원 이내
>   2. 법 제33조제1항제2호 다목에 따른 음식물: 3만원 이내
>   3. 법 제33조제1항제2호 다목에 따른 답례품: 1만원 이내
>   4. 법 제33조제1항제2호 라목에 따른 선물: 3만원 이내

제34조(기부행위제한기간) 기부행위를 할 수 없는 기간(이하 "기부행위제한기간"이라 한다)은 다음 각 호와 같다.
  1. 임기만료에 따른 선거: 임기만료일 전 180일부터 선거일까지
  2. 해당 법령이나 정관등에 따른 재선거, 보궐선거, 위탁단체의 설립·분할 또는 합병으로 인한 선거: 그 선거의 실시 사유가 발생한 날부터 선거일까지

제35조(기부행위제한) ① 후보자(후보자가 되려는 사람을 포함한다. 이하 이 조에서 같다), 후보자의 배우자, 후보자가 속한 기관·단체·시설은 기부행위제한기간 중 기부행위를 할 수 없다.
② 누구든지 기부행위제한기간 중 해당 위탁선거에 관하여 후보자를 위하여 기부행위를 하거나 하게 할 수 없다. 이 경우 후보자의 명의를 밝혀 기부행위를 하거나 후보자가 기부하는 것으로 추정할 수 있는 방법으로 기부행위를 하는 것은 해당 위탁선거에 관하여 후보자를 위한 기부행위로 본다.
③ 누구든지 기부행위제한기간 중 해당 위탁선거에 관하여 제1항 또는 제2항에 규정된 자로부터 기부를 받거나 기부의 의사표시를 승낙할 수 없다.
④ 누구든지 제1항부터 제3항까지 규정된 행위에 관하여 지시·권유·알선 또는 요구할 수 없다.
⑤ 「농업협동조합법」, 「수산업협동조합법」에 따른 조합장·중앙회장과 「산림조합법」에 따른 조합장은 재임 중에 기부행위를 할 수 없다.

> **판례** 공공단체등 위탁선거에 관한 법률상 '기부행위'의 구성요건에 해당하는 행위가 사회상규에 위배되지 아니하여 위법성이 조각되는 경우

공공단체등 위탁선거에 관한 법률상 기부행위의 구성요건에 해당하는 행위라고 하더라도, 그것이 지극히 정상적인 생활형태의 하나로서 역사적으로 생성된 사회질서의 범위 안에 있는 것이라고 볼 수 있는 경우에는 일종의 의례적 행위나 직무상의 행위로서 사회상규에 위배되지 아니하여 위법성이 조각되는 경우가 있을 수 있지만, 그와 같은 사유로 위법성의 조각을 인정함에는 신중을 요한다(대법원 2011. 2. 24. 선고 2010도14720 판결 등 참조).[대법원 2017. 3. 9. 선고 2016도21295 판결]

제36조(조합장 등의 축의·부의금품 제공제한) 「농업협동조합법」, 「수산업협동조합법」에 따른 조합·중앙회 또는 「산림조합법」에 따른 조합(이하 이 조에서 "조합등"이라 한다)의 경

비로 관혼상제의식이나 그 밖의 경조사에 축의·부의금품을 제공하는 경우에는 해당 조합 등의 경비임을 명기하여 해당 조합등의 명의로 하여야 하며, 해당 조합등의 대표자의 직명 또는 성명을 밝히거나 그가 하는 것으로 추정할 수 있는 방법으로 하는 행위는 기부행위로 본다.

제37조(선거일 후 답례금지) 후보자, 후보자의 배우자, 후보자가 속한 기관·단체·시설은 선거일 후 당선되거나 되지 아니한 데 대하여 선거인에게 축하·위로나 그 밖의 답례를 하기 위하여 다음 각 호의 어느 하나에 해당하는 행위를 할 수 없다.

1. 금전·물품 또는 향응을 제공하는 행위
2. 선거인을 모이게 하여 당선축하회 또는 낙선에 대한 위로회를 개최하는 행위

제38조(호별방문 등의 제한) 누구든지 선거운동을 위하여[13)14)] 선거인(선거인명부작성 전에는 선거인명부에 오를 자격이 있는 자를 포함한다)을 호별로 방문[5)]하거나 특정 장소에 모이게[16)] 할 수 없다.[17)18)]

---

13) '선거운동을 위하여'라 함은 직접적으로 선거운동을 목적으로 하는 것을 말하며 특정 후보자(후보자가 되고자 하는 자를 포함)가 당해 선거에서 당선되도록 또는 당선되지 못하게 하기 위한 것을 말한다. 즉, 고의 외에 주관적 요소인 목적이 추가로 요구되는 개념으로 '선거운동'에 해당하는 행위인지 여부의 판단이 필요하다.
　주관적 요건을 입증하는 데는 어려움이 있어 위법성을 확증하기 위해서는 방문시기, 방문자의 수와 범위 그리고 당시 행위, 방문이 연속적으로 행하여졌는지 여부, 피방문자의 수와 범위 그리고 그 응접 태도, 방문자와 피방문자의 관계, 행위의 목적과 그 결과 등 외형상 객관적 현황에 비추어 행위자의 의사를 판단하여야 할 것이다.
14) 판례에 의하면, 선거운동이 되기 위하여는 ① 첫째, 특정선거에 관한 행위일 것, ② 둘째, 특정 정당 또는 후보자(후보자가 되고자 하는 자를 포함)를 위해서 하는 행위일 것, ③ 셋째, 당선 또는 낙선에 직접간접으로 필요하거나 유리한 행위로서 자신이 당선되거나 다른 사람이 당선되게 하거나 당선되지 못하게 하는 행위일 것(행위의 주체에 대하여는 제한이 없음) 등의 요건을 충족하여야 한다.
15) 호별로 방문한다는 객관적 행위와 선거운동 목적의 주관적 의사가 있어야 한다. 호별이라고 함은 호(戶)를 단위로 한다는 뜻이다. 호는 보통 건물수의 단위의 의미로 사용되나 반드시 1개의 건물이 1호인 것은 아니다. 1개의 건물이 수호인 경우도 있고 때로는 수개의 건물이 1호인 경우도 있다. 즉 호는 건물의 구조에도 의하지만 거주 기타 그 건물의 사용관계에 의하여서도 다르기 때문이다. 따라서 호는 인적 집단의 거주단위로서의 면을 아울러 갖는 것이기도 하므로 건축상의 구조와 함께 가족 또는 세대라고 하는 사회적인 생활의 단위로서의 면도 충분히 고려하여 판단하여야 할 것이다. 또한 호는 반드시 선거인의 주거에 한정된 것은 아니고 그 근무지인 회사·공장·사무소·점포 등도 포함되는 것으로 해석된다. 호별방문이기 위하여는 적어도 일정한 독립된 구획의 존재가 필요하다고 생각되므로 단독주택은 그 건물이 하나의 호가 되는 경우가 많을 것이다. 아파트나 연립주택은 1세대가 거주할 일정의 구획이 호에 해당할 것이다. 회사·사무실 같은 건물은 상황에 따라 그 전체가 1호인 경우도 있겠으나 일반적으로는 그 사무실 기타 일정한 구획이 1호로 인정되는 경우가 많을 것이다.
　"호별방문"이라 함은 연속하여 2이상의 주거에 대하여 방문하는 것을 말한다. 여기에서 "연속하여"라 함은 반드시 호로부터 호에로 간단없이 역방하는 경우만에 한하지 않고 2인의 선거인의 집을 일시를 달리하여 방문한 경우도 포함되는 것이고 거리적으로 상당히 떨어져 있는 집을 순차방문하는 경우도 이에 포함된다. 또한 "방문"이라 함은 2호 이상을 방문하려는 의사 또는 계획하에 제1의 착수로서 행하여진 때에 호별방문죄가 성립되나 연속하여 2이상의 선거인을 방문할 의도없이 단순히 선거운동을 위하여 한 집을 방문한 것에 불과한 때에는 호별 방문에 해당하지 않는다.
　법원에서는 "호별방문에 있어서의 방문의 장소는 반드시 당해 선거에 있어서의 선거인의 주택·건물만에 한하지 않고 적어도 사회통념상 방문한 장소가 방문받은 선거인측이라고 보여지는 장소인 한 이에 포함되며, 타인과 면담하기 위하여 그 거택에 들어간 경우는 물론 타인을 면담하기 위하여 방문하였으나 피방문자가 부재중이어서 들어가지 못한 경우도 성립된다(대법원 1999. 11. 12. 선고 99도 2315 판결)"라고, "아파트 복도에서 초인종을 눌러 현관문을 열게 하거나 열려진 현관문을 통하여 그곳에 거주하는 선거인에 대한 면회를 구하여 선거인과 자녀들을 만나 선거용 명함을 건네주며 자신의 지지를 호소하거나 미성년자에게 자신의 명함을 전달하라고 한 이상 선거운동을 위하여 호별방문한 경우에 해당된다(서울고등법원 1996. 1. 19. 선고 95노3019 판결)"라고 판단하였다.

제8장 투표 및 개표

제39조(선거방법 등) ① 선거는 투표로 한다.

② 투표는 선거인이 직접 투표용지에 기표(記票)하는 방법으로 한다.

③ 투표는 선거인 1명마다 1표로 한다. 다만, 해당 법령이나 정관등에서 정하는 사람이 법인을 대표하여 행사하는 경우에는 그러하지 아니하다.

제40조(투표소의 설치 등) ① 관할위원회는 해당 위탁단체와 투표소의 설치수, 설치장소 등을 협의하여 선거일 전일까지 투표소를 설치하여야 한다.

② 관할위원회는 공정하고 중립적인 사람 중에서 투표소마다 투표에 관한 사무를 관리할 투표관리관 1명과 투표사무를 보조할 투표사무원을 위촉하여야 한다.

> **[규칙] 제17조(투표관리관 및 투표사무원)** ① 관할위원회는 선거가 있을 때마다 선거일 전 30일(보궐선거등의 경우에는 위탁신청을 받은 날부터 10일)부터 선거일 후 10일까지 투표관리관을 위촉·운영한다.
> ② 투표관리관은 법규를 준수하고 성실하게 직무를 수행하여야 하며 관할위원회의 지시에 따라야 한다.
> ③ 투표관리관은 해당 투표소의 투표사무원에 대하여 투표관리사무의 처리에 필요한 지시·감독을 할 수 있다.
> ④ 관할위원회는 투표소마다 투표사무원 중에서 1명을 미리 지정하여 투표관리관이 유고 또는 그 밖의 사유로 직무를 수행할 수 없게 된 때에 그 직무를 행하게 할 수 있으

일반적으로 "방문"이라 함은 타인을 면접하기 위하여 그 집 등에 가는 것을 말하지만, 반드시 거주지 안으로 들어가는 것에 한하지 않는다.

16) 특정 장소에 여러 명의 선거인을 모이게 하는 것이다. 특정 장소라 함은 호만을 말하는 것이 아니라 집·사무실 등 특정된 장소에 해당하는 한 모든 장소를 말하며, 특정만 된다면 1개 장소이든 여러 개 장소이든 상관없다.

17) 호별방문 금지규정 위반죄는 통상 '포괄일죄'로 다루어진다. 포괄일죄란 수개의 행위가 포괄적으로 1개의 구성요건에 해당하여 일죄를 구성하는 경우를 말한다. 예를 들어 사람을 체포하여 감금한 경우와 뇌물의 요구를 약속하고, 수수(收受)한 경우에는 각각 체포·감금죄(형법 제276조), 수뢰죄(형법 제129조)의 일죄이다. 또 외설문서를 수회에 걸쳐 판매하여도 1개의 외설문서의 판매죄가 성립할 뿐이다. 판매라는 것은 당연히 반복적인 행위를 예상하는 것이기 때문이다. 이러한 종류의 경우를 집합범이라 한다. 절도범인이 하룻밤 사이에 같은 창고에서 수회에 걸쳐 물품을 도출한 경우에도 1개의 절도죄로 본다. 그러나 이를 일부 학자들은 접속범(接續犯)이라고 부르기도 한다.

18) 호별방문금지규정 위반죄가 성립하기 위해서는 단순히 선거인의 주거를 방문하는 것으로는 부족하고 객관적으로 보아 상대방이 그 방문의 의도를 알아챌 수 있는 상황이 존재하여야 한다고 보아야 할 것이다. 그러한 객관적 정황의 존재 여부는 방문의 시기, 피방문자의 수 및 범위, 연속성, 방문자와 피방문자간의 관계, 방문자의 언동 등 구체적 제반 사정을 종합하여 판단할 수 밖에 없다. 직접적으로 투표를 얻기 위한 행위뿐만 아니라 간접적으로 유·불리한 행위에 대한 의식을 가지고 방문을 하는 행위도 본 죄가 성립된다.

한편, 업무행위로 인하여 호별 방문한 경우와 다른 후보자의 선거운동의 정세를 청취할 목적으로 호별방문한 경우 등도 선거운동을 위하여 하는 것으로 보아야 한다. 예컨대 의사가 환자를 왕진하는 경우 등과 같이 선거이외의 용무로 방문하는 경우라도 그 기회에 투표의뢰 등의 행위를 하게 되면 본 조에 의하여 처벌된다. 법원에서는 "유령유권자 유무의 확인을 위하여 호별로 방문하고 유령유권자의 유무를 확인한 이외의 언행을 하였음을 찾아 볼 수 없을 때에는 선거운동을 위하여 호별방문한 것으로 보지 않는다"(서울고등법원 1969. 5. 20. 선고 68노1 판결)라고 판단하였다.

며, 미리 지정한 투표사무원이 유고 또는 그 밖의 사유로 직무를 수행할 수 없게 된 때에는 투표사무원 중 연장자순에 따라 투표관리관의 직무를 행하게 할 수 있다.
⑤ 관할위원회로부터 투표관리관 또는 투표사무원의 추천을 요청받은 국가기관·지방자치단체, 각급 학교 및 위탁단체의 장은 우선적으로 이에 따라야 한다.
⑥ 투표관리관이 되려는 사람은 별지 제15호서식에 따른 본인승낙서를 제출하여야 한다.
⑦ 관할위원회는 투표관리관이 다음 각 호의 어느 하나에 해당하는 경우에는 해촉할 수 있다.
 1. 법규를 위반하거나 불공정한 행위를 한 경우
 2. 정당한 사유 없이 관할위원회의 지시·명령에 따르지 아니하거나 그 임무를 게을리 한 경우
 3. 건강 또는 그 밖의 사유로 임무를 성실히 수행할 수 없다고 판단되는 경우
⑧ 관할위원회가 투표관리관을 위촉 또는 해촉한 때에는 지체 없이 이를 공고하고, 그가 소속된 국가기관·지방자치단체, 각급 학교 및 위탁단체의 장에게 통지하여야 한다.
⑨ 투표관리관의 여비는 「선거관리위원회법 시행규칙」 별표 3의 읍·면·동선거관리위원회의 위촉직원과 같은 금액으로 하고, 투표관리관 및 투표사무원의 수당은 같은 규칙 별표 4에 따른다.

[규칙] **제18조(투표소의 설치 등)** ① 관할위원회는 법 제40조제1항 또는 제41조제1항에 따라 투표소를 설치하는 경우에는 선거일 전 10일까지 그 명칭과 소재지를 공고하여야 한다. 다만, 천재지변 또는 그 밖의 부득이한 사유가 있는 경우 이를 변경할 수 있으며, 이 경우에는 즉시 공고하여 선거인에게 알려야 한다.
② 관할위원회와 투표관리관은 선거일 전일까지 투표소에 다음의 설비를 하여야 한다.
 1. 투표참관인의 좌석
 2. 본인여부 확인에 필요한 시설
 3. 투표용지 발급 또는 교부에 필요한 시설
 4. 투표함
 5. 기표소
 6. 그 밖의 투표사무에 필요한 시설
③ 관할위원회로부터 투표소 설치를 위한 장소 사용 협조요청을 받은 국가기관·지방자치단체, 각급 학교 및 위탁단체의 장은 우선적으로 이에 따라야 한다.

제41조(동시조합장선거의 투표소의 설치 등) ① 동시조합장선거를 실시하는 경우 관할위원회는 제40조제1항에도 불구하고 그 관할구역 안의 읍·면[「지방자치법」 제7조(자치구가 아닌 구와 읍·면·동 등의 명칭과 구역)제3항에 따라 행정면을 둔 경우에는 행정면을 말한다]·동(「지방자치법」 제7조제4항에 따라 행정동을 둔 경우에는 행정동을 말한다)마다 1개소씩 투표소를 설치·운영하여야 한다. 다만, 동의 경우에는 관할위원회가 해당 조합과 협의하여 일부 동에만 투표소를 설치할 수 있다. <개정 2021. 1. 12.>
② 동시조합장선거에서 선거인은 자신이 올라 있는 선거인명부의 작성 구역단위에 설치된 어느

투표소에서나 투표할 수 있다.

③ 투표관리관은 제2항에 따라 투표하려는 선거인에 대해서는 본인임을 확인할 수 있는 신분증명서를 제시하게 하여 본인여부를 확인한 다음 전자적 방식으로 무인 또는 서명하게 하고, 투표용지 발급기를 이용하여 선거권이 있는 해당 선거의 투표용지를 출력하여 자신의 도장을 찍은 후 선거인에게 교부한다.

④ 중앙선거관리위원회는 2개 이상 조합장선거의 선거권이 있는 선거인이 투표하는 데 지장이 없도록 하고, 같은 사람이 2회 이상 투표를 할 수 없도록 하는 데 필요한 기술적 조치를 하여야 한다.

⑤ 관할위원회는 섬 또는 산간오지 등에 거주하는 등 부득이한 사유로 투표소에 가기 어려운 선거인에게는 그 의결로 거소투표, 순회투표, 인터넷투표 등 중앙선거관리위원회규칙으로 정하는 방법으로 투표를 하게 할 수 있다. 이 경우 투표방법 등에 관하여는 해당 조합과 협의하여야 한다.

⑥ 제5항에 따른 거소투표, 순회투표, 인터넷투표 등의 대상·절차·기간·방법, 그 밖에 필요한 사항은 중앙선거관리위원회규칙으로 정한다.

[규칙] 제19조(잠정투표) ① 동시조합장선거에서 투표관리관은 전기통신 장애 또는 그 밖의 부득이한 사유로 해당 투표소에서 통합선거인명부를 사용하여 투표를 할 수 없는 경우에는 투표하러 온 선거인이 자신이 올라 있는 선거인명부의 작성 구역단위에 설치된 다른 투표소에서 투표할 수 있도록 하여야 한다.
  ② 제1항에도 불구하고 선거인이 다른 투표소에 가서 투표할 수 없는 경우에는 관할위원회는 투표관리관으로 하여금 선거인의 본인여부를 확인하고, 그 명단(이하 이 조에서 "잠정투표자명부"라 한다)을 별도로 작성한 다음 선거인에게 투표용지와 별지 제16호양식에 따른 봉투를 교부하여 투표(이하 이 조에서 "잠정투표"라 한다)하게 할 수 있다.
  ③ 관할위원회는 잠정투표의 실시사유가 해소되면 지체 없이 잠정투표자명부를 통합선거인명부 운용시스템에 전송하고 그 기록을 보관하여야 한다.
  ④ 다음 각 호의 어느 하나에 해당하는 잠정투표는 무효로 한다.
  1. 같은 선거에서 한 사람이 2회 이상 투표를 한 경우 해당 선거에서 본인이 한 모든 투표
  2. 선거인명부에 올라 있지 아니한 사람이 한 투표

[규칙] 제20조(거소투표자·순회투표자·인터넷투표자) ① 동시조합장선거에서 법 제41조제5항에 따라 거소투표, 순회투표 또는 인터넷투표(중앙선거관리위원회가 제공하는 정보통신망을 이용한 투표를 말한다. 이하 같다)를 실시하려는 위탁단체는 선거인명부작성기간개시일 전일까지 관할위원회와 협의하여 거소투표 대상 선거인(이하 "거소투표자"라 한다), 순회투표 대상 선거인(이하 "순회투표자"라 한다) 또는 인터넷투표 대상 선거인(이하 "인터넷투표자"라 한다)을 선정하여야 한다.
  ② 위탁단체는 제1항에 따라 거소투표자, 순회투표자 또는 인터넷투표자로 선정된 선거인에게 그 사실과 투표방법 등을 지체 없이 알려야 한다.
  ③ 위탁단체는 제1항에 따른 선거인을 선거인명부의 비고칸에 "거소투표자", "순회투표

> 자" 또는 "인터넷투표자"로 적고, 선거인명부작성기간 중 거소투표자명부, 순회투표자명부 또는 인터넷투표자명부를 각각 작성하여 지체 없이 관할위원회에 송부하여야 한다.

> **[규칙] 제21조(거소투표·순회투표·인터넷투표)** ① 동시조합장선거에서 법 제41조제5항에 따라 거소투표를 실시하는 경우 관할위원회는 선거인명부확정일 후 2일까지 거소투표자에게 투표용지와 회송용봉투를 등기우편으로 발송하여야 한다. 이 경우 법 제25조에 따라 후보자가 제출한 선거공보와 법 제43조에 따른 투표안내문을 동봉하여 발송한다.
> ② 거소투표자는 거소투표를 하여야 한다. 다만, 다음 각 호의 어느 하나에 해당하는 사람은 선거일에 해당 투표소에서 투표할 수 있다.
>   1. 거소투표용지가 반송되어 거소투표용지를 송부받지 못한 사람
>   2. 거소투표용지를 송부받았으나 거소투표를 하지 못한 사람으로서 선거일에 해당 투표소에서 투표관리관에게 거소투표용지와 회송용봉투를 반납한 사람
> ③ 거소투표는 선거일 오후 5시까지 관할위원회에 도착되어야 한다.
> ④ 동시조합장선거에서 법 제41조제5항에 따라 순회투표 또는 인터넷투표를 실시하는 경우 관할위원회는 해당 위탁단체와 협의하여 투표일시, 투표장소, 투표방법 등을 정하고 선거일 전 10일까지 공고하여야 한다.
> ⑤ 관할위원회는 그 소속 위원·직원·선거사무를 처리할 능력이 있는 공정하고 중립적인 사람 중에서 순회투표관리관·순회투표사무원 또는 인터넷투표관리관·인터넷투표사무원을 지정하여 순회투표 또는 인터넷투표를 각각 관리하게 하여야 한다.
> ⑥ 순회투표자는 순회투표를, 인터넷투표자는 인터넷투표를 하여야 한다. 다만, 순회투표자 또는 인터넷투표자가 투표를 하지 못한 경우에는 선거일에 해당 투표소에서 순회투표 또는 인터넷투표를 하지 않았음을 확인받은 후 투표할 수 있다.
> ⑦ 그 밖에 거소투표, 순회투표 또는 인터넷투표의 실시에 관하여 필요한 사항은 중앙선거관리위원회 위원장이 정한다.

제42조(투표용지) ① 투표용지에는 후보자의 기호와 성명을 표시하되, 기호는 후보자의 게재순위에 따라 "1, 2, 3" 등으로 표시하고, 성명은 한글로 기재하여야 한다. 다만, 한글로 표시된 성명이 같은 후보자가 있는 경우에는 괄호 속에 한자를 함께 기재한다.
② 관할위원회는 후보자등록마감 후에 후보자 또는 그 대리인의 참여하에 투표용지에 게재할 후보자의 순위를 추첨의 방법으로 정하여야 한다. 다만, 추첨개시시각에 후보자 또는 그 대리인이 참여하지 아니하는 경우에는 관할위원회 위원장이 지정하는 사람이 그 후보자를 대리하여 추첨할 수 있다.
③ 투표용지는 인쇄하거나 투표용지 발급기를 이용하여 출력하는 방법으로 작성할 수 있다.

> **[규칙] 제22조(투표용지 등)** ① 투표용지는 「공직선거관리규칙」 별지 제42호서식의(가)를 준용하여 작성한다. 이 경우 정당칸은 작성하지 아니한다. 〈개정 2018. 9. 21.〉
> ② 관할위원회는 투표용지 또는 투표용지 발급기를 투표함과 함께 선거일 전일까지 투표관리관에게 인계하여야 한다.
> ③ 투표관리관이 투표용지에 자신의 도장을 찍는 경우 도장의 날인은 인쇄날인으로 갈음할 수 있다.

제43조(투표안내문의 발송) 관할위원회는 선거인의 성명, 선거인명부등재번호, 투표소의 위치, 투표할 수 있는 시간, 투표할 때 가지고 가야 할 지참물, 투표절차, 그 밖에 투표참여를 권유하는 내용 등이 기재된 투표안내문을 선거인명부확정일 후 2일까지 선거인에게 우편으로 발송하여야 한다.

> **[규칙] 제23조(투표안내문)** 법 제43조에 따른 투표안내문은 별지 제18호서식에 따른다.

제44조(투표시간) ① 선거별 투표시간은 다음과 같다.
 1. 동시조합장선거: 오전 7시부터 오후 5시까지
 2. 동시조합장선거 외의 위탁선거: 관할위원회가 해당 위탁단체와 협의하여 정하는 시간
② 투표를 마감할 때에 투표소에서 투표하기 위하여 대기하고 있는 선거인에게는 번호표를 부여하여 투표하게 한 후에 닫아야 한다.

제45조(투표·개표의 참관) ① 후보자는 선거인 중에서 투표소마다 2명 이내의 투표참관인을 선정하여 선거일 전 2일까지, 개표소마다 2명 이내의 개표참관인을 선정하여 선거일 전일까지 관할위원회에 서면으로 신고하여야 한다. 이 경우 개표참관인은 투표참관인이 겸임하게 할 수 있다.
② 관할위원회는 제1항에 따라 신고한 투표참관인·개표참관인이 투표 및 개표 상황을 참관하게 하여야 한다.
③ 후보자가 제1항에 따른 투표참관인·개표참관인의 신고를 하지 아니한 때에는 투표·개표 참관을 포기한 것으로 본다.
④ 후보자 또는 후보자의 배우자와 해당 위탁단체의 임직원은 투표참관인·개표참관인이 될 수 없다.
⑤ 제1항에도 불구하고 동시조합장선거의 투표참관인은 투표소마다 12명으로 하며, 후보자수가 12명을 넘는 경우에는 후보자별로 1명씩 우선 선정한 후 추첨에 따라 12명을 지정하고, 후보자수가 12명에 미달하되 후보자가 선정·신고한 인원수가 12명을 넘는 때에는 후보자별로 1명씩 선정한 자를 우선 지정한 후 나머지 인원은 추첨에 의하여 지정한다.
⑥ 투표참관인·개표참관인의 선정·신고 및 투표참관인 지정의 구체적인 절차·방법, 그 밖에 필요한 사항은 중앙선거관리위원회규칙으로 정한다.

[규칙] **제24조(투표참관인·개표참관인)** ① 법 제45조제1항에 따른 투표참관인 또는 개표참관인(이하 이 조에서 "참관인"이라 한다)의 신고는 별지 제19호서식에 따른다. 이 경우 동시조합장선거에서는 법 같은 조 제5항에 따라 투표참관인을 지정하는 경우의 순위를 적어야 한다.
② 참관인의 선정이 없거나 한 후보자가 선정한 참관인 밖에 없는 때에는 관할위원회가 공정하고 중립적인 사람 중에서 본인의 승낙을 얻어 4명이 될 때까지 선정한 사람을 참관인으로 한다. 이 경우 참관인으로 선정된 사람은 별지 제15호서식에 준하는 본인승낙서를 제출하여야 한다.
③ 참관인의 수당과 식비 등에 관하여는 「공직선거관리규칙」 제90조(투표참관인의 수당등)·제103조(개표참관인의 수당등)를 준용한다.

제46조(개표소의 설치 등) ① 관할위원회는 해당 관할구역에 있는 위탁단체의 시설 등에 개표소를 설치하여야 한다. 다만, 섬 또는 산간오지 등의 지역에 투표소를 설치한 경우로서 투표함을 개표소로 이송하기 어려운 부득이한 경우에는 관할위원회의 의결로 해당 투표소에 개표소를 설치할 수 있다.
② 관할위원회는 개표사무를 보조하게 하기 위하여 개표사무를 보조할 능력이 있는 공정하고 중립적인 사람을 개표사무원으로 위촉할 수 있다.
③ 개표사무원은 투표사무원이 겸임하게 할 수 있다.
④ 제1항 단서에 따라 투표소에 개표소를 설치하는 경우의 개표 절차, 개표사무원의 위촉, 개표참관, 그 밖에 필요한 사항은 중앙선거관리위원회규칙으로 정한다.

[규칙] **제25조(개표소의 설치 등)** ① 관할위원회는 선거일 전 5일까지 개표소의 명칭과 소재지를 공고하여야 한다. 다만, 천재지변 또는 그 밖의 부득이한 사유가 있는 경우 이를 변경할 수 있으며, 이 경우에는 즉시 공고하여야 한다.
② 법 제46조제1항 단서에 따라 투표소에 개표소를 설치할 경우에는 제1항에 따른 공고를 할 때에 이를 함께 공고한다.
③ 관할위원회는 선거일 전일까지 개표소에 다음의 설비를 하여야 한다.
1. 투표함의 접수에 필요한 시설
2. 투표함의 개함과 투표지의 점검, 심사·집계 및 정리 등에 필요한 시설
3. 관할위원회 위원과 개표참관인의 좌석 및 일반인의 개표관람시설
4. 그 밖의 개표사무에 필요한 시설
④ 개표소 설치를 위한 장소 사용 협조요청에 관하여는 제18조제3항을 준용한다.
⑤ 개표사무원의 수당은 「선거관리위원회법 시행규칙」 별표 4에 따른다.
⑥ 개표상황표의 표준서식은 「공직선거관리규칙」별지 제54호서식을 준용한다. 〈개정 2018. 9. 21.〉

제47조(개표의 진행) ① 개표는 위탁단체별로 구분하여 투표수를 계산한다.
② 관할위원회는 개표사무를 보조하기 위하여 투표지를 유효별·무효별 또는 후보자별로 구분하거나 계산하는 데 필요한 기계장치 또는 전산조직을 이용할 수 있다.
③ 후보자별 득표수의 공표는 최종 집계되어 관할위원회 위원장이 서명 또는 날인한 개표상황표에 의한다. 이 경우 출석한 관할위원회의 위원 전원은 공표 전에 득표수를 검열하여야 하며, 정당한 사유 없이 개표사무를 지연시키는 위원이 있는 때에는 검열을 포기한 것으로 보고, 개표록에 그 사유를 기재한다.
④ 제11조제3항에 따라 개표사무의 관리를 지정받은 사람 또는 하급선거관리위원회나 다른 구·시·군선거관리위원회는 그 개표결과를 관할위원회에 즉시 송부하여야 하며, 해당 관할위원회는 송부 받은 개표결과를 포함하여 후보자별 득표수를 공표하여야 한다.
⑤ 제4항에 따른 개표결과의 작성·송부, 그 밖에 필요한 사항은 중앙선거관리위원회규칙으로 정한다.

> **[규칙] 제26조(투표소 개표)** ① 법 제46조제1항 단서에 따라 투표소에 개표소를 설치할 경우 투표관리관은 해당 개표소의 개표를 총괄 관리하는 책임사무원(이하 "책임사무원"이라 한다)이, 투표사무원 및 투표참관인은 각각 해당 개표소의 개표사무원 및 개표참관인이 된다.
> ② 책임사무원은 해당 투표소의 투표를 마감한 후 개표소의 개표 절차에 준하여 개표를 실시하여야 한다. 이 경우 법 제47조제3항에도 불구하고 해당 개표소의 후보자별 득표수의 공표는 책임사무원이 서명 또는 날인한 개표상황표에 의한다.

> **[규칙] 제27조(거소투표 등의 개표)** 제21조에 따른 거소투표·순회투표의 투표함은 개함하여 일반투표함과 혼합하여 개표하고, 인터넷투표의 투표결과는 법 제47조제3항에 따른 후보자별 득표수에 합산한다.

> **[규칙] 제28조(개표결과의 송부)** 법 제11조제3항에 따라 개표의 관리를 지정받은 대행위원회 등과 책임사무원은 개표상황표를 작성하여 관할위원회에 모사전송의 방법으로 우선 송부하고, 개표가 종료된 후 그 원본을 송부하여야 한다. 이 경우 책임사무원은 투표지·투표함·투표록, 그 밖의 투표 및 개표에 관한 모든 서류 등을 함께 송부하여야 한다.

제48조(개표관람) ① 누구든지 관할위원회가 발행하는 관람증을 받아 구획된 장소에서 개표상황을 관람할 수 있다.
② 관할위원회는 투표와 개표를 같은 날 같은 장소에서 실시하는 경우에는 관람증을 발급하지 아니한다. 이 경우 관람인석과 투표 및 개표 장소를 구분하여 관람인이 투표 및 개표 장소에 출입할 수 없도록 하여야 한다.

제49조(투표록·개표록 및 선거록의 작성 등) ① 관할위원회는 투표록, 개표록을 각각 작성하여야 한다. 다만, 투표와 개표를 같은 날 같은 장소에서 실시하는 경우에는 투표 및 개표록을 통합하여 작

성할 수 있다.

② 제11조제3항에 따라 관할위원회가 지정하는 사람 등에게 투표사무 또는 개표사무를 관리하게 하는 경우에는 그 지정을 받은 사람 또는 하급선거관리위원회나 다른 구·시·군선거관리위원회는 제1항에 따른 투표록·개표록 또는 투표 및 개표록을 작성하여 지체 없이 관할위원회에 송부하여야 한다.

③ 제2항에 따라 투표록·개표록 또는 투표 및 개표록을 송부받은 관할위원회는 지체 없이 후보자별 득표수를 계산하고 선거록을 작성하여야 한다.

④ 투표록·개표록, 투표 및 개표록과 선거록은 전산조직을 이용하여 작성·보고 또는 송부할 수 있다.

> [규칙] 제29조(투표록·개표록 및 선거록의 작성) 법 제49조에 따른 투표록·개표록 및 선거록의 표준서식은 「공직선거관리규칙」 별지 제53호서식 및 별지 제57호서식의(가)·(나)·(다)를 각각 준용한다. 〈개정 2018. 9. 21.〉

제50조(선거 관계 서류의 보관) 관할위원회는 투표지, 투표록, 개표록, 투표 및 개표록, 선거록, 그 밖에 위탁선거에 관한 모든 서류를 그 당선인의 임기 중 보관하여야 한다. 다만, 중앙선거관리위원회규칙으로 정하는 바에 따라 그 보존기간을 단축할 수 있다.

> [규칙] 제30조(투표지 등의 보존기간의 단축) 법 제49조에 따른 투표록·개표록 및 선거록을 제외한 선거 관계 서류 등은 법 제50조 단서에 따라 해당 위탁선거에 관한 소송 등이 제기되지 아니할 것으로 예상되거나 위탁선거에 관한 소송 등이 종료된 때에는 관할위원회의 결정으로 폐기할 수 있다.

제51조(「공직선거법」의 준용[19] 등) ① 투표 및 개표의 관리에 관하여는 이 법에 규정된 것을 제외하고는 그 성질에 반하지 아니하는 범위에서 「공직선거법」 제10장(투표) 및 제11장(개표)을 준용한다.

② 임의위탁선거의 투표 및 개표의 절차 등에 관하여는 해당 위탁단체와 협의하여 달리 정할 수 있다.

> [규칙] 제31조(「공직선거관리규칙」의 준용 등) 투표 및 개표의 관리에 관하여는 이 규칙에 규정된 것을 제외하고는 그 성질에 반하지 아니하는 범위에서 「공직선거관리규칙」 제9장(투표) 및 제10장(개표)을 준용한다.

---

[19] '준용(準用)'이란 어떤 사항에 관한 규정을 그와 유사하지만 본질이 다른 사항에 대하여, 필요한 경우 조금의 수정을 가하여 적용시키는 것을 말한다. 예컨대 민법 제210조·제290조·제302조 등과 같이 입법기술상 중복규정에 따른 번잡을 피하고 간결화를 기하기 위해 이용된다. 그러나 법규의 검색을 곤란하게 하고 종종 수정의 여부에 있어서 의문을 제기하며 해석의 분규를 가져온다는 단점이 있다.
[네이버 지식백과] 준용 [準用] (법률용어사전, 2016. 01. 20., 이병태)

제52조(결선투표 등) ① 결선투표 실시 여부에 관하여는 해당 법령이나 정관등에 따른다.

② 결선투표일은 관할위원회가 위탁단체와 협의하여 정한다.

③ 제1항에 따른 결선투표는 특별한 사정이 없으면 당초 위탁선거에 사용된 선거인명부를 사용한다.

④ 천재지변이나 그 밖의 부득이한 사유로 선거를 실시할 수 없거나 실시하지 못한 때에는 관할위원회가 해당 위탁단체와 협의하여 선거를 연기하여야 한다. 이 경우 처음부터 선거절차를 다시 진행하여야 하고, 선거일만을 다시 정한 때에는 이미 진행된 선거절차에 이어 계속하여야 한다.

제53조(총회 등에서 선출하는 조합장선거에 관한 특례) ① 동시조합장선거를 실시하는 경우 제24조제3항제2호 및 제3호에 따른 조합장선거(이하 이 조에서 "총회 등에서 선출하는 조합장선거"라 한다)의 선거인명부 작성·확정, 투표 및 개표에 관하여는 다음 각 호에 따른다. <개정 2015. 12. 24.>

1. 제24조제3항제3호에 따른 조합장선거에서는 제15조·제16조 및 제17조에 따른 "선거인명부"를 각각 "대의원명부"로 본다. 다만, 제15조제3항은 적용하지 아니한다.
2. 제41조제1항에도 불구하고 투표소는 선거인이 투표하기 편리한 곳에 1개소를 설치하여야 한다.
3. 제41조제2항에도 불구하고 해당 조합의 선거인은 제2호에 따른 투표소에서 투표하여야 한다.
4. 제44조제1항제1호에도 불구하고 투표시간은 관할위원회가 해당 조합과 협의하여 정하되 투표 마감시각은 오후 5시까지로 한다.
5. 결선투표는 제52조제2항에도 불구하고 해당 선거일에 실시하고, 결선투표시간은 관할위원회가 해당 조합과 협의하여 정한다.
6. 그 밖에 투표 및 개표의 절차 등에 관하여 이 법에서 정한 사항을 제외하고는 해당 법령이나 정관등에 따른다.

② 제1항에도 불구하고 관할위원회는 총회 등에서 선출하는 조합장선거의 재선거, 보궐선거, 설립·분할 또는 합병으로 인한 선거의 투표 및 개표의 절차 등에 관하여 해당 조합과 협의하여 달리 정할 수 있다. <개정 2015. 12. 24.>

[제목개정 2015. 12. 24.]

제54조(위탁선거의 동시실시) 관할위원회는 선거일을 같은 날로 정할 수 있는 둘 이상의 선거의 관리를 위탁받기로 결정한 때에는 해당 위탁단체와 협의하여 이들 위탁선거를 동시에 실시할 수 있다.

제55조(위탁선거의 효력 등에 대한 이의제기) 위탁선거에서 선거 또는 당선의 효력에 대한 이의제기는 해당 위탁단체에 하여야 한다. 다만, 위탁선거 사무의 관리집행 상의 하자 또는 투표의 효력에 대한 이의제기는 관할위원회의 직근 상급선거관리위원회에 하여야 한다.

> **[규칙] 제32조(투표의 효력 등에 관한 이의제기 등)** ① 법 제55조 단서에 따른 이의제기를 하려는 해당 위탁선거의 후보자 및 선거인(이하 이 조에서 "이의제기자"라 한다)은 그 사유가 발생한 날(투표의 효력에 관하여는 선거일을 말한다)부터 5일 이내에 별지 제26호서식에 따라 서면으로 하여야 한다.
> ② 제1항에 따른 이의제기를 접수한 직근 상급선거관리위원회는 이의제기를 접수한 날부터 10일 이내에 그 이의제기에 대한 결정을 하여야 하며, 그 결정 내용을 지체 없이 이의제기자 및 해당 관할위원회에 통지하여야 한다.

제9장 당선인

제56조(당선인 결정) 당선인 결정은 해당 법령이나 정관등에 따른다.

> **[규칙] 제33조(당선증의 서식)** 당선인으로 결정된 사람에게 교부하는 당선증은 별지 제27호 서식에 따른다.

제10장 벌칙

제57조(적용 제외) ① 제3조제1호가목에 해당하는 공공단체등이 위탁하는 선거 외의 위탁선거에는 이 장을 적용하지 아니한다. 다만, 제65조, 제66조제12호, 제68조제1항·제2항제2호 및 제4항·제5항은 그러하지 아니하다. <개정 2016. 12. 27.>
② 제1항 본문에도 불구하고 제3조제1호다목에 따라 공공단체등이 임원 등의 선출을 위한 선거의 관리를 위탁하여야 하는 선거(「교육공무원법」 제24조의3에 따른 대학의 장 후보자 추천 선거는 제외한다)에는 제58조부터 제65조까지, 제66조제8호·제10호·제12호·제13호, 제67조, 제68조제1항, 같은 조 제2항제2호, 같은 조 제3항부터 제5항까지를 적용한다. <신설 2016. 12. 27.>

제58조(매수 및 이해유도죄) 선거운동을 목적[20]으로 다음 각 호의 어느 하나에 해당하는 행위를 한 자는 3년 이하의 징역[21] 또는 3천만원 이하의 벌금[22]에 처한다.

---

20) 목적범(目的犯)이란 내란죄(內亂罪)에 있어서의 「국헌문란(國憲紊亂)의 목적(目的)」, 위조죄(僞造罪)에 있어서의 「행사(行使)의 목적(目的)」, 영리목적 약취(營利目的 略取)·유인죄(誘引罪)에 있어서의 「영리의 목적」 등과 같이 구성요건상 고의 이외에 일정한 행위의 목적을 필요로 하는 범죄를 말한다. 목적범은 구성요건적 행위의 실행에 의하여 그 목적이 실현되는가의 여부에 따라서 절단된 결과범과 단축된 이행위범(二行爲犯)으로 구별되고, 또한 진정목적범(眞正目的犯)과 부진정목적범(不眞正目的犯)으로 구별되기도 한다.
[네이버 지식백과] 목적범 [目的犯] (법률용어사전, 2016. 01. 20., 이병태)
21) '징역'이란, 징역이란 수형자(受刑者)를 교도소 내에 구치하여 정역(定役)에 복무하게 하는 것을 내용으로 하는 자유

1. 선거인(선거인명부를 작성하기 전에는 그 선거인명부에 오를 자격이 있는 자를 포함한다. 이하 이 조에서 같다)이나 그 가족 또는 선거인이나 그 가족이 설립·운영하고 있는 기관·단체·시설에 대하여 금전·물품[23)·향응[24)이나 그 밖의 재산상 이익[25)이나 공사(公私)의 직[26)을 제공[27)하거나 그 제공의 의사를 표시[28)하거나 그 제공을 약속[29)한 자[30)

형 가운데 가장 무거운 죄형(罪刑)이다(형법 제67조). 징역에는 무기(無期)와 유기(有期)의 2종이 있다. 무기는 종신형이지만 20년이 경과한 후에는 가석방(假釋放)이 가능하다는 점에서(제72조 1항)자유형의 사회복귀적기능이 유지되고 있다고 할 수 있다. 유기징역은 1월 이상 30년 이하이나 형을 가중하는 때에는 50년까지로 한다(제42조).
[네이버 지식백과] 징역 [懲役] (법률용어사전, 2016. 01. 20., 이병태)

22) '벌금'이란, 범인에 대하여 일정한 금액의 지불의무를 강제적으로 부담케 하는 재산형으로 그 형은 금고보다는 가볍고 구류보다는 무겁다. 형법의 규정에 의하면 그 금액은 원칙적으로 5만원 이상으로 되어 있으며(형법 제45조), 벌금을 완납할 수 없는 자는 1일 이상 3년 이하의 기간 노역장에 유치된다(제69조 2항). 이와 같이 벌금형은 빈궁(貧窮)한 자로서는 결국 자유형으로 전환되는 결과가 된다는 점에 그 한계성이 있다.
[네이버 지식백과] 벌금 [罰金] (법률용어사전, 2016. 01. 20., 이병태)

23) 금전·물품의 다과(多寡)나 종류는 묻지 않는다. 예컨대 투표소까지의 교통비·점심식사비를 주는 것도 여기에 해당한다.

24) 향응은 널리 인정(人情)의 약점을 이용하여 주식(酒食)을 제공하는 등으로 사람의 환심을 사서 공정한 판단을 잃게 함으로써 특정 후보자에게 유리한 결과를 실현시키려는 행위를 말한다. 향응은 대부분 일정한 자리를 만들어 음식물을 제공하는 등으로 상대방에게 위안과 쾌락을 제공함으로써 타인을 대접·접대하는 것으로서 그 금액의 다과는 묻지 않는다. 음식물은 일종의 재산상의 이익으로서 제공죄의 객체가 되며, 일정한 자리를 만들어 음식물을 제공하면 향응제공죄가 되는 것이다. 음식물 이외의 방법으로 접대하는 것(예 : 영화를 보여주는 것, 관광을 보내주는 것, 술집에서 접대부를 동석시켜 서비스를 하는 것)도 향응제공이 된다.

25) 재산상 이익은 재산적인 욕망이나 수요를 충족시키는 모든 이익을 말하고, 객관적으로 가치가 없는 것일지라도 받는 자에게 재산적 가치가 있으면 족하다. 예컨대 재산상 이익이라 함은 제공되는 이익이 사회일반의 상식에 비추어 사교상의 의례라고 인정되는 것을 초과하는 것 또는 선거인들의 마음을 움직일 수 있다고 인정되는 정도의 것을 말하고, 관계인의 사회적 지위나 관습 등을 종합적으로 고려하여 구체적으로 판단하여야 할 것이다. 그리고 유형적인 이익(예 : 가방 선물 등) 외에 채무의 면제, 채무의 보증, 단골거래처의 양도, 금전대차의 알선·주선, 변호사선임비의 대납 등도 포함된다.

26) 공사의 직이라 함은 공적·사적인 직무를 말한다. 그 직무는 반드시 계속적인 것일 필요는 없고, 일시적인 것이어도 무방하다. 제공자에게 그 직에 관하여 선임·임명 권한이 없는 경우라도 사실상 그 직을 제공할 가능성이 있으면 족하다.

27) 제공이라 함은 금전 등의 재산상 이익을 교부하여 주는 것을 말하고, 반드시 상대방의 소득에 귀속시킬 의사로 하여야 하는 것은 아니다. 제공죄는 재산상 이익 또는 공사의 직을 현실적으로 제공하고 상대방이 그 취지를 인식하면서도 이를 수령한 때에 기수(旣遂)가 된다. 나중에 돌려받더라도 본 죄 성립에 영향이 없다. 다만, 단시간 내에 반환하여 상대방이 그 수령의 의사가 전혀 없었다고 인정할 수 있는 경우라면 제공죄는 성립하지 아니하고, 제공의사표시죄가 성립하게 되는 경우도 있을 것이다. 향응에 응하여 그 취지를 인식하고 자리에 가면 향응제공을 받은 죄의 기수가 되고 실제로 음식물을 먹었는지 여부는 불문한다. 향응을 받은 상대방이 추후에 음식값을 내더라도 이미 성립한 향응제공죄에 영향이 없다.

28) 제공의사표시죄는 금전·물품·향응 기타 재산상의 이익이나 공사의 직을 제공하겠다는 의사를 표시하고 그 의사가 상대방에게 도달함으로써 성립한다. 의사표시는 문서에 의하든 구술에 의하든 무방하고, 명시적이든 묵시적이든 불문한다. 나중에 실제로 금품 등이 제공되었는지 불문한다.
법원에서는 "금전 등 제공의사표시죄는 선거의 공정을 보호법익으로 하는 추상적 위태범인 점에 비추어 그 의사가 외부적·객관적으로 나타나고 표의자가 마음대로 상대방에의 도달을 철회하기 어려운 단계에 이른 경우에는 이미 성립한다고 보아야 할 것이므로, 현금이 든 우편물이 우체국에 접수되어 발송을 위한 소인까지 거친 단계에서 적발된 경우 수취인에게 현실적 도달이 없었더라도 그 가능성이 현저한 사정이 있으므로 범죄 성립에 지장이 없다(대법원 1990. 7. 24. 선고 90도1033 판결)"라고 판단하였다.

2. 후보자가 되지 아니하도록 하거나 후보자가 된 것을 사퇴하게 할 목적으로 후보자가 되려는 사람[31]이나 후보자에게 제1호에 규정된 행위를 한 자
3. 제1호 또는 제2호에 규정된 이익이나 직을 제공받거나[32] 그 제공의 의사표시를 승낙[33]한 자
4. 제1호부터 제3호까지에 규정된 행위에 관하여 지시·권유·알선[34]하거나 요구한 자
5. 후보자등록개시일부터 선거일까지 포장된 선물 또는 돈봉투 등 다수의 선거인(선거인의 가족 또는 선거인이나 그 가족이 설립·운영하고 있는 기관·단체·시설을 포함한다)에게 배부하도록 구분[35][36]된 형태로 되어 있는 금품을 운반[37]한 자

판 례 　공공단체등 위탁선거에 관한 법률 제58조에서 정한 "선거운동"의 의미와 판단 기준

　공공단체등 위탁선거에 관한 법률(이하 '위탁선거법'이라고 한다)은 공공단체 등의 선거가 깨끗하고 공정하게 이루어지도록 함으로써 공공단체 등의 건전한 발전과 민주사회 발전에 기여하려는 데 입법 목적이 있으므로, 위탁선거법 제23조에서 규정하고 있는 '당선되게 할 목적'은 금전·물품·향응, 그 밖의 재산상의 이익이나 공사의 직(이하 이러한 재산상의 이익과 공사의 직을 통틀어 '재산상 이익 등'이라고 한다)을 제공받은 당해 선거인 등의 투표행위에 직접 영향을 미치는 행위나 재산상 이익 등을 제공받은 선거인 등으로 하여금 타인의 투표의사에 영향을 미치는 행위 또는 특정 후보자의 당락에 영향을 미치는 행위를 하게 만들 목적을 의미한다.[대법원 2017. 3. 22., 선고, 2016도16314, 판결]

　제공의 의사표시를 상대방이 승낙하면 본죄는 약속죄에 흡수되고, 현실로 제공을 받으면 제공죄에 흡수된다.
29) 제공약속죄는 재산상의 이익을 제공하고 이를 수령하는 것에 관하여 제공자와 수령자 사이의 의사가 합치되는 때에 기수가 된다. 제공약속은 행위자의 제공의사표시를 상대방이 승낙하는 경우와 상대방의 제공요구를 승낙하는 경우에 성립한다. 약속이 이루어지면 본 죄가 성립하므로 후에 약속이 취소되어도 본 죄 성립에 영향이 없다. 약속 후 제공을 한 때에는 제공죄만 성립한다. 상대방이 먼저 요구하여 이것에 응했을 때에도 제공약속죄가 성립한다.
30) 금전·물품향응 기타 재산상의 이익이나 공사의 직을 제공, 제공의 의사표시 또는 그 제공을 약속하는 것이다.
　이러한 행위가 있으면 족하고, 그것과 상대방의 선거운동과 사이에 무슨 대가적 보수관계가 반드시 있어야 하는 것은 아니다. 당사자가 입후보를 단념하거나, 선거의 효력이 무효가 되는 경우, 선거운동의 목적달성여부나 금전제공의 효과유무는 본 죄의 성립에는 지장이 없다. 왜냐하면, 매수행위 자체의 위법성이 가벌성의 기본원인이기 때문이다.
31) 법원은 "후보자가 되고자 하는 자란 입후보할 것을 예정하면 족한 것이지 입후보할 확정적 결의까지 요구되는 것은 아니며 입후보할 의사를 외부적으로 객관화할 수 없었다 할지라도 상관이 없고, 범행이 발각된 후 입후보의사를 단념하거나 후보자등록을 하지 않았다 하더라도 상관이 없다"고 판단하였다(대법원 1999. 2. 26. 선고 98도3902 판결 등).
32) "제공을 받는다"라 함은 상대방의 이익 또는 직을 제공하려는 의사를 알면서 수수하는 것을 말한다.
33) "승낙"이라 함은 상대방의 제공의 의사표시에 대하여 그 뜻을 인식하고 수락하여 받아들이는 의사표시를 하는 것을 말한다.
34) "알선"이라 함은 당사자의 중간에 서서 합의의 성립에 노력하는 조정·유도하는 행위를 말한다.
35) 구분의 개념에 관하여 판례는 "여기에서 '구분'이라 함은 금품을 일정한 기준에 따라 전체를 크게 또는 작게 몇 개로 갈라 나누는 것을 말하고, 구분의 방법에는 제한이 없어 돈을 포장 또는 봉투에 넣거나 물건으로 싸거나 띠지로 감아매는 것은 물론, 몇 개의 단위로 나누어 접어 놓는 등 따로따로 배부할 수 있도록 분리하여 소지하는 것도 포함된다."고 판시하였다.
36) 대법원 2009.2.26. 선고 2008도11403 판결, 피고인들이 띠지로 감아맨 돈 등을 봉투, 주머니 등에 넣어가지고 다님으로써 선거기간 중 다수의 선거인에게 배부하도록 구분된 형태로 되어있는 금품을 운반한 행위를 유죄로 인정하였다.
37) '운반'이란 어떤 물건을 장소적으로 이전하는 것을 말한다. 장소적 이전은 반드시 원거리일 필요는 없으며, 운반의 방법에도 제한이 없다. '운반할 것'을 요하므로 단순히 '소지'만 하고 있었을 경우에는 본죄가 성립하지 않으나 현실적으로는 양자의 구분이 거의 불가능하다고 본다.

판 례	공공단체등 위탁선거에 관한 법률 제58조에서 금전 등을 '제공' 하는 행위와 금전 등의 제공을 '지시' 하는 행위의 의미 및 지시를 하는 사람과 상대방 사이에 반드시 단체나 직장 등에서의 상하관계나 엄격한 지휘감독관계가 있어야 하는지 여부(소극)

 공공단체등 위탁선거에 관한 법률 제58조에서 금전 등을 '제공'하는 행위는 통상적으로 금전 등을 상대방에게 귀속시키는 것을 의미하고, 이에 비하여 금전 등의 제공을 '지시'하는 행위는 상대방에 대하여 금전 등을 제공하는 행위를 하도록 일방적으로 일러서 시키는 것으로서, 반드시 지시를 하는 사람과 상대방 사이에 단체나 직장 등에서의 상하관계나 엄격한 지휘감독관계가 있어야 하는 것은 아니다.[대법원 2017. 3. 22., 선고, 2016도16314, 판결]

제59조(기부행위[38])의 금지·제한 등 위반죄) 제35조를 위반한 자(제68조제3항에 해당하는 자를 제외한다)는 3년 이하의 징역 또는 3천만원 이하의 벌금에 처한다.

제60조(매수 및 이해유도죄 등으로 인한 이익의 몰수) 제58조 또는 제59조의 죄를 범한 자가 받은 이익은 몰수[39]한다. 다만, 그 전부 또는 일부를 몰수할 수 없는 때에는 그 가액을 추징[40]한다.

판 례	[1] 공공단체등 위탁선거에 관한 법률 제60조에 의한 필요적 몰수 또는 추징의 취지 / 선거인이나 그 가족이 선거운동을 목적으로 제공된 금전 등을 그대로 가지고 있다가 제공자에게 반환한 경우, 몰수 또는 추징의 상대방(=금전 등의 제공자) 및 이때 제공된 금전이 그대로 반환되지 않고 같은 액수의 금전이 반환된 경우, 반환받은 제공자로부터 이를 몰수 또는 추징할 수 있는지 여부(소극) [2] 축산업협동조합장 선거에 출마한 피고인이 선거운동을 목적으로 선거인 甲 또는 선거인의 가족 乙에게 금전을 제공하였다는 내용으로 공공단체등 위탁선거에 관한 법률 위반죄가 인정된 사안에서, 피고인이 甲, 乙에게 금전을 제공하였다가 돌려받았으므로 위 범행으로 이익을 받았다고 볼 수 없다는 이유로 그 가액의 추징을 선고하지 아니한 원심판결에 같은 법 제60조의 추징에 관한 법리오해 등의 잘못이 있다고 한 사례

 [1] 공공단체등 위탁선거에 관한 법률 제60조에 의한 필요적 몰수 또는 추징은 범행에 제공된 금전·물품·향응이나 그 밖의 재산상 이익을 박탈하여 부정한 이익을 보유하지 못하게 하는 데 목적이 있으므로, 선거인이나 그 가족이 선거운동을 목적으로 제공된 금전 등을 그대로 가지고 있다가 제공자에게 반환한 때에는 제공자로부터 이를 몰수하거나 그 가액을 추징하여야 한다.
 다만 제공된 금전이 그대로 반환된 것이 아니라면 그 후에 같은 액수의 금전이 반환되었더라도 반환받은

---

38) 금품이나 재산상 이익은 원칙적으로 무상(無償)으로 제공되는 것이어야 한다. 그러나, 일부 대가관계가 있더라도 급부와 반대급부간의 불균형으로 그 일부에 관하여 무상인 경우도 기부행위이며, 비록 유상으로 행하여지는 경우에도 그것으로 인하여 다른 일반인은 얻기 어려운 재산상 이익을 얻게 되는 경우도 기부행위로 본다.
39) '몰수'란, 형법에서, 징역이나 금고 따위의 형벌에 부가하는 재산형의 하나. 범죄 행위에 제공한 물건이나 범죄 행위의 결과로 얻은 물건 따위를 국가가 강제로 빼앗는 일이다.
40) '추징'이란, 몰수 할 수 있는 물건 중에 범죄행위에 의하여 생기고, 또는 이로 인하여 취득한 물건, 범죄행위의 대가로 취득한 물건의 전부 또는 일부가 소비되었거나 분실 기타의 이유로 몰수 할 수 없게 된 경우에 그 물건에 상당한 가액을 징수하는 것이다(형법 제48조 2항). 범죄행위로 얻은 불법한 이익을 범인으로부터 빼앗으려는 것이다. 추징은 몰수에 준하는 처분으로서, 몰수와 같이 부가형의 성격을 가진다.
 [네이버 지식백과] 추징 [追徵] (법률용어사전, 2016. 01. 20., 이병태)

제공자로부터 이를 몰수하거나 그 가액을 추징할 것은 아니다.[대법원 2017. 5. 17., 선고, 2016도11941, 판결]
 [2] 축산업협동조합장 선거에 출마한 피고인이 선거운동을 목적으로 선거인 甲 또는 선거인의 가족 乙에게 금전을 제공하였다는 내용으로 공공단체등 위탁선거에 관한 법률 위반죄가 인정된 사안에서, 피고인이 선거운동 목적으로 제공한 금전을 그대로 돌려받았다면 제공자인 피고인으로부터 이를 몰수하거나 그 가액을 추징하여야 함에도, 피고인이 甲, 乙에게 금전을 제공하였다가 돌려받았으므로 위 범행으로 이익을 받았다고 볼 수 없다는 이유로 그 가액의 추징을 선고하지 아니한 원심판결에 같은 법 제60조의 추징에 관한 법리를 오해하여 필요한 심리를 다하지 아니한 잘못이 있다고 한 사례.[대법원 2017. 5. 17., 선고, 2016도11941, 판결]

제61조(허위사실 공표죄) ① 당선되거나 되게 할 목적으로 선거공보나 그 밖의 방법으로 후보자(후보자가 되려는 사람을 포함한다. 이하 이 조에서 같다)에게 유리하도록 후보자, 그의 배우자 또는 직계존비속이나 형제자매에 관하여 허위의 사실41)을 공표42)43)한 자는 3년 이하의 징역 또는 3천만원 이하의 벌금에 처한다.

② 당선되지 못하게 할 목적으로 선거공보나 그 밖의 방법으로 후보자에게 불리하도록 후보자, 그의 배우자 또는 직계존비속이나 형제자매에 관하여 허위의 사실을 공표한 자는 5년 이하의 징역 또는 500만원 이상 5천만원 이하의 벌금에 처한다.

---

41) 허위의 사실은 객관적 진실에 부합되지 않는 사실을 의미하며, 선거인으로 하여금 후보자에 대한 정확한 판단을 그르치게 할 가능성이 있으면 충분하다. 그러나 내용은 어느 정도 구체성이 있어야 하며 단순한 가치판단의 표시에 불과한 경우에는 이에 해당되지 않는다.
 본 죄가 성립하기 위해서는 허위라는 점에 대한 적극적인 증명이 필요하고 그 사실이 진실이라고 하는 증명이 없다는 것만으로는 부족하고 허위라는 점이 증명되어야 한다. 그리고 본 죄는 과거나 현재의 사실뿐 아니라 장래의 사실도 포함한다고 본다.
 결국 객관적 진실에 부합하지 않는 경우에 한하지 아니하고 선거인으로 하여금 판단의 혼란을 초래할 가능성이 있으면 족하다.
 법원에서는 "허위의 사실이라 함은 진실에 부합하지 않는 사실로서 그 사실이 시기·장소·수단 등에 걸쳐서 정밀하게 특정될 필요는 없으며 선거인으로 하여금 후보자에 대한 정확한 판단을 그르치게 할 가능성이 있을 정도로 구체성을 가진 것이면 족하다"(대법원 2000. 5. 30. 선고 99도4830 판결), "허위의 사실이라고 함은 진실에 부합하지 않는 사실로서 선거인으로 하여금 후보자의 대한 정확한 판단을 그르치게 할 가능성이 있을 정도로 구체성을 가진 것이면 족하고 그 사실이 시기·장소·수단 등에 걸쳐서 정밀하게 특정될 필요는 없지만, 단순히 가치판단이나 평가를 내용으로 하는 의견표현에 불과할 경우에는 이에 해당하지 아니한다고 할 것이고, 구체적인 경우에 공표된 내용이 사실주장인가 아니면 의견표현인가의 구별기준에 관하여는 공표된 내용의 발언에 이르게 된 동기 및 경위, 그 문언상의 의미와 표현내용과 관련하여 그것이 진실 또는 허위로 확인될 수 있는 것이면 사실주장임에 반하여 그것이 옳거나 또는 그른 것으로 확정될 수 있는 것이면 의견표현이라고 구별함이 타당하고, 양자가 혼합되어 있는 경우에도 의견으로서의 요소가 우세하고 사실주장으로서의 의미가 무시될 수 있으면 의견표현으로 해석하여야 하지만 가치판단이나 의견의 표현으로 보이지만 그 가치판단이 일정한 사실을 전제로 하고 있으면 사실의 적시가 있다고 보아야 할 것이다(부산고법 1999. 5. 27. 선고 99노233 판결)"라고 판단하였다.
42) 공표는 불특정 또는 다수의 사람이 알 수 있는 상태에 두는 것을 말한다. 불특정 다수인이 알 수 있는 상태에 도달하면 족하고 그들이 알게 되는 것을 요하는 것이 아니고 더욱 그 공표로 표를 얻는 것과는 상관이 없다.
 공표의 의미는 불특정 또는 다수인에게 허위사실을 알리는 것이고, 비록 개별적으로 한 사람에 대하여 사실을 유포하더라도 이로부터 불특정 또는 다수인에게 전파될 가능성이 있다면 이 요건을 충족한다고 할 것이다(대법원 1999. 12. 10. 선고 99도 3930 판결).
43) 고문검사 허위소문 사건 참조 : "어떠한 소문이 있다."라고 공표한 경우 그 소문의 내용이 허위이면 소문이 있다는 사실 자체는 진실이라 하더라도 허위사실공표죄가 성립된다고 판단한 공직선거법 관련 사건이다(대법원 2002.4.10.자 2001모193 결정).

제62조(후보자 등 비방죄) 선거운동을 목적으로 선거공보나 그 밖의 방법으로 공연히44)45) 사실을 적시하여 후보자(후보자가 되려는 사람을 포함한다), 그의 배우자 또는 직계존비속이나 형제자매를 비방46)47)한 자는 2년 이하의 징역 또는 2천만원 이하의 벌금에 처한다. 다만, 진실한 사실로서 공공의 이익에 관한 때에는 처벌하지 아니한다.

제63조(사위등재죄) ① 거짓의 방법으로 선거인명부에 오르게 한 자는 1년 이하의 징역 또는 1천만원 이하의 벌금에 처한다.

② 선거인명부작성에 관계 있는 자가 선거인명부에 고의로 선거권자를 기재하지 아니하거나 거짓 사실을 기재하거나 하게 한 때에는 3년 이하의 징역 또는 3천만원 이하의 벌금에 처한다.

> **판례** 수산업협동조합의 위탁선거에서 선거인명부의 작성 업무를 담당하는 조합장 등이 조합원의 자격 상실 등 조합 탈퇴 사유의 발생 여부를 확인하고 이사회 의결을 거쳐 조합원명부를 정리하는 절차를 이행하지 않은 채 자격이 없는 조합원이 선거인명부에 선거권자로 기재되도록 한 경우, 공공단체등 위탁선거에 관한 법률 제63조 제2항에서 말하는 '거짓 사실을 기재하거나 하게 한 때'에 해당하는지 여부(적극)

공공단체등 위탁선거에 관한 법률(이하 '위탁선거법'이라 한다) 제63조 제2항은 공공단체 등의 위탁선거

---

44) '공연성(公然性)'이란, 불특정 또는 다수인이 인식할 수 있는 상태를 말한다.

45) 여기에서 "공연히"는 명예훼손죄의 공연성(公然性)과 같은 개념으로 보인다. 명예훼손죄의 구성요건인 공연성은 불특정 또는 다수인이 인식할 수 있는 상태를 의미하고 비록 개별적으로 한 사람에 대하여 사실을 유포하였다 하더라도 그로부터 불특정 또는 다수인에게 전파될 가능성이 있다면 공연성의 요건을 충족하지만 이와 달리 전파 가능성이 없다면 특정한 한 사람에 대한 사실의 유포는 공연성을 결여한다. 장소와 인적 대상 등에 제한이 없으며 노상·자택·직장 등지에서 친구 또는 동료간에라도 선거운동의 목적으로 후보자 등을 비방하는 경우에도 본 죄에 해당할 수 있다.
법원에서는 "타인의 명예를 훼손할 만한 사실을 기재한 유인물을 71명의 회원에게 우송으로 배포한 이 사건 소위는 비록, 위 유인물을 배포 받은 자의 범위에 다소의 제한이 있고, 또 수취인이 특정되어 있다 하더라도 공연성이 있다 할 것이므로 원심이 명예훼손의 성립을 인정한 조치는 정당하다"(대법원 1981. 8. 25. 선고 81도149 판결)고 하였고, "기자가 아닌 보통사람에게 사실을 적시할 경우에는 그 자체로서 적시된 사실이 외부에 공표되는 것이므로 그 때부터 곧 전파가능성을 따져 공연성 여부를 판단하여야 할 것이지만, 그와 달리 기자를 통해 사실을 적시하는 경우에는 기사화되어 보도되어야만 사실이 외부에 공표된다고 보아야 할 것이므로 기자가 취재를 한 상태에서 아직 기사화하여 보도하지 아니한 경우에는 전파 가능성이 없다고 할 것이어서 공연성이 없다고 봄이 상당하다"(대법원 2000. 5. 16. 선고 99도5622 판결)고 판단하였다.

46) "비방"한다 함은 정당한 이유없이 상대방을 깎아 내리거나 헐뜯어 그 사회적 가치평가를 저하시키는 것을 의미한다. 주로 합리적인 관련성이 없는 사실로서 예컨대 선거와 관련이 없는 남녀관계나 범죄, 비리 전력 등 사적이거나 내밀한 영역에 속하는 사항을 폭로 또는 공표하는 등의 방법으로 행하여진다. 그리고 여러 가지 사정들을 종합하여 그 비방의 대상자가 누구인지 유추할 수 있으면 족하다.
법원에서는 "성명불상자가 작성한 '甲이 **아파트 자치회장인 乙을 고소하여 동인이 벌금을 물은 사실이 있다'는 취지의 벽보가 아파트승강기 옆에 붙어 있어 그곳 주민들은 그 사실을 대부분 알고 있는 바, 개인연설회도중 약 70여명의 주민들에게 '某후보는 주민을 고소하여 100만원의 벌금을 물게 하였는데 서민을 고발하여 벌금을 내게 하는데 그게 서민을 위해서 일하는 사람이냐, 그것은 도덕적 문제가 아니냐'는 취지로 연설을 한 것은 공연히 사실을 적시하여 후보자를 비방한 것이다(춘천지방법원원주지원 1995. 10. 13. 선고 95고합 61 판결)"라고 판단하였다.

47) 상대후보에 대한 비방은 형법상 명예훼손의 문제도 될 수 있는데, 이 규정은 명예를 훼손하였는가를 묻지 않고 그보다 완화된 요건으로 "비방"에 이른 정도도 처벌하도록 했다.

에서 선거인명부 작성에 관계 있는 자의 작위 또는 부작위로 인한 선거인명부의 불실기재행위를 처벌하기 위한 규정이다. 수산업협동조합법 제31조 제3항에 따르면, 수산업협동조합의 경우에는 조합원 자격이 있는지를 지구별수협의 이사회 의결로써 결정해야 한다. 따라서 선거인명부의 작성 업무를 담당하는 조합장 등이 조합원명부에 자격이 없는 조합원이 형식적으로 기재되어 있다는 것을 알고 있으면 조합원의 자격 상실 등 조합 탈퇴 사유의 발생 여부를 확인하고 이사회 의결을 거쳐 조합원명부를 정리하는 절차를 이행하여야 한다. 만일 조합장 등이 위와 같은 조치를 취하지 않은 채 그와 같은 조합원이 선거인명부에 선거권자로 기재되도록 하였다면, 이는 위탁선거법 제63조 제2항에서 말하는 '거짓 사실을 기재하거나 하게 한 때'에 해당한다.
[대법원 2017. 4. 26., 선고, 2016도14861, 판결]

제64조(사위[48]투표죄) ① 성명을 사칭하거나 신분증명서를 위조[49] 또는 변조[50]하여 사용하거나 그 밖에 거짓의 방법으로 투표하거나 하게 하거나 또는 투표를 하려고 한 자는 1년 이하의 징역 또는 1천만원 이하의 벌금에 처한다.

② 선거관리위원회의 위원·직원·투표관리관 또는 투표사무원이 제1항에 규정된 행위를 하거나 하게 한 때에는 3년 이하의 징역에 처한다.

제65조(선거사무관계자나 시설 등에 대한 폭행·교란죄) 다음 각 호의 어느 하나에 해당하는 자는 1년 이상 7년 이하의 징역 또는 1천만원 이상 7천만원 이하의 벌금에 처한다.

1. 위탁선거와 관련하여 선거관리위원회의 위원·직원, 공정선거지원단원, 그 밖에 위탁선거 사무에 종사하는 사람을 폭행·협박·유인 또는 불법으로 체포·감금한 자
2. 폭행하거나 협박하여 투표소·개표소 또는 선거관리위원회 사무소를 소요·교란한 자
3. 투표용지·투표지·투표보조용구·전산조직 등 선거관리 및 단속사무와 관련한 시설·설비·장비·서류·인장 또는 선거인명부를 은닉·파손·훼손 또는 탈취한 자

제66조(각종 제한규정 위반죄) 다음 각 호의 어느 하나에 해당하는 자는 2년 이하의 징역 또는 2천만원 이하의 벌금에 처한다. <개정 2015. 12. 24., 2017. 12. 26.>

1. 제24조를 위반하여 후보자가 아닌 자가 선거운동을 하거나 제25조부터 제30조의2까지의 규정에 따른 선거운동방법 외의 방법으로 선거운동을 하거나 선거운동기간이 아닌 때에 선거운동을 한 자[51][52]. 다만, 제24조의2제7항에 따라 선거운동을 한 예비후보자는 제외한다.

---

48) 사위(詐僞)의 방법으로 선거인명부에 오르게 하는 행위이다. "사위(詐僞)"란 양심을 속이고 거짓을 꾸미는 것을 말하므로 '사위의 방법'이란 일반적으로 사회통념상 부정이라 인정되는 모든 행위를 말한다고 해석된다. 경우에 따라서는 업무방해죄로 처벌받을 수도 있다고 본다.
49) '위조'란, 권한없는 자가 사용할 목적으로 현존하지 아니하는 문서, 통화, 유가증권, 인장 등을 새로이 작성하거나 제조하는 것을 말한다.
50) '변조'란, 권한 없이 기존물의 형상이나 내용에 변경을 가하는 일을 말한다.
51) '사전선거운동'이라 함은 특정의 선거에 있어서 선거운동기간 전에 특정한 후보자의 당선을 목적으로 투표를 얻거나 얻게 하기 위하여 필요하고 유리한 모든 행위 또는 반대로 특정한 후보의 낙선을 목적으로 필요하고 불리한 모든 행위 중 선거인을 상대로 당선 또는 낙선을 도모하기 위하여 하는 것이라는 목적의사가 객관적으로 인정될 수 있고, 일반 보통인의 사이에도 행해지는 의례적인 정의의 범위를 벗어나는 능동적·계획적 행위를 말한다(대법원 1996.4.12. 선고 96도135 판결).
52) 본죄는 그 행위의 종료와 동시에 성립되고 그 후의 입후보 여부는 상관이 없다. 따라서 후보자가 되려던 자가 애초에

1의2. 제24조의2제7항을 위반하여 선거운동을 한 자

2. 제25조에 따른 선거공보의 종수・수량・면수 또는 배부방법을 위반하여 선거운동을 한 자

3. 제26조에 따른 선거벽보의 종수・수량 또는 첩부방법을 위반하여 선거운동을 한 자

4. 제27조를 위반하여 선거운동을 한 자

5. 제28조에 따른 통화방법 또는 시간대를 위반하여 선거운동을 한 자

6. 제29조를 위반하여 해당 위탁단체가 아닌 자가 개설・운영하는 인터넷 홈페이지를 이용하여 선거운동을 한 자

7. 제30조에 따른 명함의 규격 또는 배부방법을 위반하여 선거운동을 한 자

7의2. 제30조의2제4항을 위반하여 투표관리관등의 제지명령에 불응한 자

8. 제31조를 위반한 자

9. 제36조를 위반하여 축의・부의금품을 제공한 자

10. 제37조를 위반한 자

11. 제38조를 위반한 자

12. 제73조제3항을 위반하여 출입을 방해하거나 자료제출의 요구에 응하지 아니한 자 또는 허위자료를 제출한 자

13. 제75조제2항을 위반한 자

제67조(양벌규정) 법인 또는 단체의 대표자나 법인 또는 단체의 대리인, 사용인, 그 밖의 종업원이 그 법인 또는 단체의 업무에 관하여 이 법의 위반행위를 하였을 때에는 행위자를 벌하는 외에 그 법인 또는 단체에 대하여도 해당 조문의 벌금형을 과(科)한다. 다만, 그 법인 또는 단체가 그 위반 행위를 방지하기 위하여 해당 업무에 관하여 상당한 주의와 감독을 게을리하지 아니한 경우에는 그러하지 아니하다.

제68조(과태료53)의 부과・징수 등) ① 「형사소송법」 제211조(현행범인과 준현행범인54))에 규정된 현행범인 또는 준현행범인으로서 제73조제4항에 따른 동행요구에 응하지 아니한 자에게

지녔던 입후보의사를 단념하고 입후보등록을 하지 아니하였다 하더라도 성립된 범죄에는 영향이 없다.
한편, 선거운동이 허용되지 않는 기간에 선거운동을 한다는 인식이 필요하고, 이 점에 대한 인식이 없을 때에는 본죄는 성립되지 아니한다.

53) 형벌의 성질을 가지지 않는 행정상의 벌과금을 말한다. 벌금이나 과료와 구별된다.
54) 현행범인의 개념에 대하여 광의(廣義)의 현행범인은 협의(狹義)의 현행범인과 준현행범인(準現行犯人)을 포함하는 개념이며 현행 형사소송법은 현행범인을 광의의 의미로 사용하고 있다. 협의의 현행범인이라함은 범죄의 실행 중이거나 실행 직후인 자(형사소송법 제211조 1항)를 말한다. 현행범인을 체포할 때에는 급히 서둘러야 하고, 또 체포로 말미암아 부당한 침해가 발생할 우려도 없다고 생각되므로 영장은 불필요하며, 또 수사기관이 아니라도 누구든지 체포할 수 있다(제212조, 다만 제214조 참조).
한편 준현행범인이라 함은 범죄실행 직후라고는 할 수 없더라도 실행 후 시간이 얼마 지나지 않은 것이 명백히 인정되거나 범인으로 호창되어 추적되고 있거나 장물 또는 분명히 범죄를 위해 사용되었다고 생각되는 흉기 등을 현재 몸에 숨기고 있거나, 신체 또는 의류에 범죄의 증적(證跡)이 현저하거나, 누구임을 물음에 대하여 도망하려 하는 등, 이상의 둘 중 하나에 해당하는 자로 현행범인과 똑같이 취급되는 자를 말한다(제211조 2항).
[네이버 지식백과] 현행범인 [現行犯人] (법률용어사전, 2016. 01. 20., 이병태)

는 300만원 이하의 과태료를 부과한다.

② 다음 각 호의 어느 하나에 해당하는 자에게는 100만원 이하의 과태료를 부과한다.

1. 제29조제2항에 따른 관할위원회의 요청을 이행하지 아니한 자
2. 제73조제4항에 따른 출석요구에 정당한 사유 없이 응하지 아니한 자

③ 제35조제3항을 위반하여 금전·물품이나 그 밖의 재산상 이익을 제공받은 자(그 제공받은 금액 또는 물품의 가액이 100만원을 초과한 자는 제외한다)에게는 그 제공받은 금액이나 가액의 10배 이상 50배 이하에 상당하는 금액의 과태료를 부과하되, 그 상한액은 3천만원으로 한다. 다만, 제공받은 금액 또는 음식물·물품(제공받은 것을 반환할 수 없는 경우에는 그 가액에 상당하는 금액을 말한다) 등을 선거관리위원회에 반환하고 자수한 경우에는 그 과태료를 감경 또는 면제할 수 있다.

④ 과태료는 중앙선거관리위원회규칙으로 정하는 바에 따라 관할위원회(이하 이 조에서 "부과권자"라 한다)가 부과한다. 이 경우 과태료처분대상자가 납부기한까지 납부하지 아니한 때에는 관할세무서장에게 징수를 위탁하고 관할세무서장이 국세체납처분의 예에 따라 이를 징수하여 국가에 납입하여야 한다.

⑤ 이 법에 따른 과태료의 부과·징수 등의 절차에 관하여는 「질서위반행위규제법」 제5조(다른 법률과의 관계)에도 불구하고 다음 각 호에서 정하는 바에 따른다.

1. 당사자[「질서위반행위규제법」 제2조(정의)제3호에 따른 당사자를 말한다. 이하 이 항에서 같다]는 「질서위반행위규제법」 제16조(사전통지 및 의견 제출 등)제1항 전단에도 불구하고 부과권자로부터 사전통지를 받은 날부터 3일까지 의견을 제출하여야 한다.
2. 제4항 전단에 따른 과태료 처분에 불복이 있는 당사자는 「질서위반행위규제법」 제20조(이의제기)제1항 및 제2항에도 불구하고 그 처분의 고지를 받은 날부터 20일 이내에 부과권자에게 이의를 제기하여야 하며, 이 경우 그 이의제기는 과태료 처분의 효력이나 그 집행 또는 절차의 속행에 영향을 주지 아니한다.
3. 「질서위반행위규제법」 제24조(가산금 징수 및 체납처분 등)에도 불구하고 당사자가 납부기한까지 납부하지 아니한 경우 부과권자는 체납된 과태료에 대하여 100분의 5에 상당하는 가산금을 더하여 관할세무서장에게 징수를 위탁하고, 관할세무서장은 국세 체납처분의 예에 따라 이를 징수하여 국가에 납입하여야 한다.
4. 「질서위반행위규제법」 제21조(법원에의 통보)제1항 본문에도 불구하고 제4항에 따라 과태료 처분을 받은 당사자가 제2호에 따라 이의를 제기한 경우 부과권자는 지체 없이 관할법원에 그 사실을 통보하여야 한다.

[규칙] 제34조(과태료의 부과·징수 등) ① 법 제68조제1항 및 제2항의 위반행위에 대한 과태료 부과기준은 별표 1과 같다.
② 관할위원회는 과태료의 처분을 하는 경우에는 해당 위반행위의 동기와 그 결과 및

위탁선거에 미치는 영향, 위반기간 및 위반정도 등을 고려하여 제1항의 기준금액의 2분의 1의 범위에서 이를 경감하거나 가중할 수 있다. 이 경우 1회 부과액은 법 제68조제1항 및 제2항에 따른 과태료의 상한액을 넘을 수 없다.

③ 법 제68조제3항 본문에 해당하는 사람에 대한 과태료의 부과기준은 별표 2와 같다.

④ 관할위원회는 법 제68조제3항에 따라 과태료를 부과할 때 과태료 처분 대상자가 제공받은 금액 또는 음식물·물품의 가액이 명확하지 아니한 경우에는 통상적인 거래가격 또는 시장가격을 기준으로 과태료를 부과한다.

⑤ 법 제68조제3항 단서에 해당하는 사람에 대한 과태료의 감경 또는 면제의 기준은 다음 각 호에 따른다.

1. 금품·음식물 등을 제공받은 경위, 자수의 동기와 시기, 금품·음식물 등을 제공한 사람에 대한 조사의 협조 여부와 그 밖의 사항을 고려하여 과태료 부과기준액과 감경기준 등은 별표 3과 같이 한다.

2. 과태료의 면제

가. 선거관리위원회와 수사기관이 금품·음식물 등의 제공사실을 알기 전에 선거관리위원회 또는 수사기관에 그 사실을 알려 위탁선거범죄에 관한 조사 또는 수사단서를 제공한 사람

나. 선거관리위원회와 수사기관이 금품·음식물 등의 제공사실을 알게 된 후에 자수한 사람으로서 금품·음식물 등을 제공한 사람과 제공받은 일시·장소·방법·상황 등을 선거관리위원회 또는 수사기관에 자세하게 알린 사람

⑥ 관할위원회는 제5항에 해당하는 사람을 법 제75조제1항에 따라 보호하여야 하며, 이 조 제5항제2호가목에 해당하는 사람에게는 법 제76조에 따른 포상금을 지급할 수 있다.

⑦ 법 제68조제3항에 따라 자수한 사람이 반환한 금품 등은 다음 각 호에 따라 처리한다.

1. 위반행위자를 고발 또는 수사의뢰하는 경우에는 증거자료로 제출하고, 증거자료로 제출할 수 없거나 경고 등 자체 종결하는 경우에는 「국고금 관리법 시행규칙」에 관한 관계규정을 준용하여 국가에 납부한다.

2. 제1호에 따라 국가에 납부하는 경우에는 물품·음식물은 입찰 또는 경매의 방법에 따라 공매하되, 공매가 적절하지 않다고 판단되는 경우에는 수의계약에 따라 매각할 수 있다.

3. 물품·음식물이 멸실·부패·변질되어 경제적 가치가 없는 경우에는 폐기처분하며, 멸실·부패·변질될 우려가 있거나 공매 또는 수의계약에 따른 매각이 적절하지 않다고 판단되는 경우에는 공익법인·사회복지시설·불우이웃돕기시설 등에 인계할 수 있다.

⑧ 법 제68조제4항에 따라 관할위원회가 과태료를 부과하는 경우에는 해당 위반행위를 조사·확인한 후 위반사실·이의제기 방법·이의제기 기한·과태료 부과액 및 납부기한 등을 명시하여 이를 납부할 것을 과태료 처분 대상자에게 통지하여야 한다.

⑨ 제8항에 따라 과태료 처분의 고지를 받은 과태료 처분 대상자는 그 고지를 받은 날부터 20일까지 납부하여야 한다.

⑩ 법 제68조제5항제2호에 따른 이의제기는 별지 제28호서식에 따른다.

⑪ 관할위원회 또는 관할세무서장이 징수한 과태료의 국가에의 납부절차에 관하여는 「국고금 관리법 시행규칙」의 관계규정을 준용한다.

제11장 보칙

제69조(전자투표 및 개표) ① 관할위원회는 해당 위탁단체와 협의하여 전산조직을 이용하여 투표와 후보자별 득표수의 집계 등을 처리할 수 있는 방법으로 투표 및 개표(이하 이 조에서 "전자투표 및 개표"라 한다)를 실시할 수 있다.

② 관할위원회가 제1항에 따라 전자투표 및 개표를 실시하려는 때에는 이를 지체 없이 공고하고 해당 위탁단체 및 후보자에게 통지하여야 하며, 선거인의 투표에 지장이 없도록 홍보하여야 한다.

③ 전자투표 및 개표를 실시하는 경우 투표 및 개표의 절차·방법, 그 밖에 필요한 사항은 중앙선거관리위원회규칙으로 정한다.

제70조(위탁선거범죄로 인한 당선무효) 다음 각 호의 어느 하나에 해당하는 경우에는 그 당선은 무효로 한다.[55][56]

1. 당선인이 해당 위탁선거에서 이 법에 규정된 죄를 범하여 징역형 또는 100만원 이상의 벌금형을 선고받은 때

2. 당선인의 배우자나 직계존비속이 해당 위탁선거에서 제58조나 제59조를 위반하여 징역형 또는 300만원 이상의 벌금형을 선고받은 때. 다만, 다른 사람의 유도 또는 도발에 의하여 해당 당선인의 당선을 무효로 되게 하기 위하여 죄를 범한 때에는 그러하지 아니하다.

제71조(공소시효[57]) 이 법에 규정한 죄의 공소시효는 해당 선거일 후 6개월(선거일 후 행하여진 범죄는 그 행위가 있는 날부터 6개월)이 지남으로써 완성한다. 다만, 범인이 도피한 때나 범인이 공범 또는 범죄의 증명에 필요한 참고인을 도피시킨 때에는 그 기간은 3년으로 한다.

제72조(위반행위에 대한 중지·경고 등) ① 관할위원회의 위원·직원은 직무수행 중에 위탁선거 위반행위를 발견한 때에는 중지·경고 또는 시정명령을 하여야 한다.

② 관할위원회는 위탁선거 위반행위가 선거의 공정을 현저하게 해치는 것으로 인정되거나 중지·경고 또는 시정명령을 이행하지 아니하는 때에는 관할수사기관에 수사의뢰 또는 고발할 수 있다.

---

[55] 판결 확정에 의하여 바로 당선이 무효로 되고 별다른 절차가 필요 없다. '징역형을 선고받은 때'에는 실형뿐만 아니라 집행유예를 선고받은 경우도 포함된다.

[56] 참고로, 선거인의 의사표시에 하자를 일으킬 정도로 선거의 공정성을 해치는 행위가 있었다면, 이는 민법상 결의무효로 다툴 수 있으며 사단법인내 자치규정에 소제기간을 정하거나 탄핵안 부결과 같은 결의가 있었다고 하여 선거무효소송을 제기할 수 없는 것이 아니라고 본 사례가 있다(사단법인 지부장 선거사건 : 부산지법 2007.3.15. 선고 2006가합20798 판결). 법원은 사단법인 연합회의 선거규칙상 금품, 향응제공을 못하도록 되어 있을 뿐만 아니라 위 판결은 선거기간 중 계속된 식사제공행위는 선거의 자유와 공정을 해하는 민법 제103조상의 반사회질서행위이기 때문에 위와 같은 당선은 무효이며 기타 다른 의결로 그 하자가 치유될 수 없음을 밝혔다.

[57] '공소시효'란 검사가 일정한 기간동안 공소를 제기하지 않고 방치하는 경우 국가의 소추권을 소멸시키는 제도를 말한다. 형의 시효와 함께 형사시효의 일종이다. 공소시효의 제도적인 존재이유는 시간의 경과에 따라 발생한 사실상의 상태를 존중하자는 것, 소송법상으로 시간의 경과에 의하여 증거판단이 곤란하게 된다는 것, 실체법상으로는 시간의 경과로 인하여 범죄에 대한 사회의 관심이 약화되는 것, 피고인의 생활안정을 보장하자는 것 등이다.

제73조(위반행위에 대한 조사 등) ① 선거관리위원회의 위원·직원은 위탁선거 위반행위에 관하여 다음 각 호의 어느 하나에 해당하는 경우에는 그 장소에 출입하여 관계인에 대하여 질문·조사를 하거나 관련 서류 그 밖의 조사에 필요한 자료의 제출을 요구할 수 있다.
 1. 위탁선거 위반행위의 가능성이 있다고 인정되는 경우
 2. 후보자가 제기한 위탁선거 위반행위의 가능성이 있다는 소명이 이유 있다고 인정되는 경우
 3. 현행범의 신고를 받은 경우
② 선거관리위원회의 위원·직원은 위탁선거 위반행위 현장에서 위탁선거 위반행위에 사용된 증거물품으로서 증거인멸의 우려가 있다고 인정되는 때에는 조사에 필요한 범위에서 현장에서 이를 수거할 수 있다. 이 경우 해당 선거관리위원회의 위원·직원은 수거한 증거물품을 그 관련된 위탁선거 위반행위에 대하여 고발 또는 수사의뢰한 때에는 관계 수사기관에 송부하고, 그러하지 아니한 때에는 그 소유·점유·관리하는 사람에게 지체 없이 반환하여야 한다.
③ 누구든지 제1항에 따른 장소의 출입을 방해하여서는 아니 되며 질문·조사를 받거나 자료의 제출을 요구받은 사람은 이에 따라야 한다.
④ 선거관리위원회의 위원·직원은 위탁선거 위반행위 조사와 관련하여 관계자에게 질문·조사하기 위하여 필요하다고 인정되는 때에는 선거관리위원회에 동행 또는 출석할 것을 요구할 수 있다. 다만, 선거기간 중 후보자에 대하여는 동행 또는 출석을 요구할 수 없다.
⑤ 선거관리위원회의 위원·직원이 제1항에 따른 장소에 출입하거나 질문·조사·자료의 제출을 요구하는 경우에는 관계인에게 그 신분을 표시하는 증표를 제시하고 소속과 성명을 밝히고 그 목적과 이유를 설명하여야 한다.
⑥ 소명절차·방법, 증거자료의 수거, 증표의 규격, 그 밖에 필요한 사항은 중앙선거관리위원회규칙으로 정한다.

> **[규칙] 제35조(위반행위에 대한 조사 등)** ① 선거관리위원회의 위원·직원(이하 "위원·직원"이라 한다)이 법 제73조제1항에 따른 장소에 출입하여 관계인에 대하여 자료제출을 요구하는 경우 정당한 사유 없이 출입을 방해하거나 자료제출의 요구에 불응하거나 허위자료를 제출할 때에는 법 제66조제12호에 따라 처벌받을 수 있음을 알려야 한다.
> ② 위원·직원은 조사업무에 필요하다고 인정될 때에는 법 제6조에 따라 경찰공무원·경찰관서의 장이나 행정기관의 장에게 원조를 요구할 수 있다.
> ③ 위원·직원은 조사업무 수행 중 필요하다고 인정될 때에는 질문답변내용의 기록, 녹음·녹화, 사진촬영, 위탁선거 위반행위와 관련 있는 서류의 복사 또는 수집, 그 밖에 필요한 조치를 취할 수 있다.
> ④ 위원·직원은 직접 방문하여 조사하는 경우 외에 필요하다고 인정될 때에는 서면답변 또는 자료의 제출을 요구할 수 있다.
> ⑤ 위원·직원은 법 제73조제2항에 따라 위탁선거 위반행위에 사용된 증거물품을 수거한 경우에는 그 목록 2부를 작성하여 그 중 1부를 해당 물품을 소유·점유 또는 관리하는 자에게 교부하고, 나머지 1부는 관할위원회에 제출하여야 한다.

> ⑥ 위원·직원이 법 제73조제4항에 따라 관계자에게 동행을 요구할 때에는 구두로 할 수 있으며, 출석을 요구할 때에는 별지 제29호서식에 따른다. 이 경우 「형사소송법」 제211조(현행범인과 준현행범인)에 규정된 현행범인 또는 준현행범인에 해당하는 관계자에게 동행요구를 할 때에는 정당한 사유 없이 동행요구에 응하지 아니하는 경우 법 제68조제1항에 따라 과태료를 부과할 수 있음을 알려야 한다.
> ⑦ 선거관리위원회는 중앙선거관리위원회 위원장이 정하는 바에 따라 법 제73조제4항에 따른 위탁선거 위반행위 조사와 관련하여 동행 또는 출석한 관계자에게 여비·일당을 지급할 수 있다.
> ⑧ 법 제73조제5항에 따른 위원·직원의 신분을 표시하는 증표는 별지 제30호양식에 따르되, 선거관리위원회가 발행하는 위원신분증 또는 공무원증으로 갈음할 수 있다.

제74조(자수[58][59]자에 대한 특례) ① 제58조 또는 제59조의 죄를 범한 사람 중 금전·물품이나 그 밖의 이익 등을 받거나 받기로 승낙한 사람이 자수한 때에는 그 형을 감경 또는 면제한다. 다만, 다음 각 호의 어느 하나에 해당하는 사람은 그러하지 아니하다.
1. 후보자 및 그 배우자
2. 후보자 또는 그 배우자의 직계존비속 및 형제자매
3. 후보자의 직계비속 및 형제자매의 배우자
4. 거짓의 방법으로 이익 등을 받거나 받기로 승낙한 사람

② 제1항의 본문에 규정된 사람이 선거관리위원회에 자신의 해당 범죄사실을 신고하여 선거관리위원회가 관계 수사기관에 이를 통보한 때에는 선거관리위원회에 신고한 때를 자수한 때로 본다.

제75조(위탁선거범죄신고자 등의 보호) ① 이 법에 규정된 범죄에 관한 신고·진정·고소·고발 등 조사 또는 수사단서의 제공, 진술 또는 증언, 그 밖의 자료제출행위 및 범인검거를 위한 제보 또는 검거활동을 한 사람이 그와 관련하여 피해를 입거나 입을 우려가 있다고 인정할 만한 상당한 이유가 있는 경우 해당 범죄에 관한 형사절차 및 관할위원회의 조사과

---

[58] '자수'란, 범인이 수사기관에 자발적으로 자기의 범죄사실을 신고하고 그 처분을 구하는 일을 말한다. 범죄가 수사기관에 발각되기 전이거나 뒤이거나 묻지 않으며, 범죄사실이나 범인이 알려졌다고 오신한 경우라도 상관없다. 범인이 자발적으로 신고하는 것인 점에서, 수사기관의 신문에 응하여 범죄사실을 진술하는 자백(自白)과 구별된다.
자수는 절차법상 수사의 단서(端緒)가 되며, 실체법상으로는 일반적으로 형의 임의적 감면사유가 된다(형법 52조 1항). 그러나 특히 자수를 필요적 감면사유(90조 1항 단서·101조 1항 단서·111조 3항 단서·153·157조, 국가보안법 16조 1호 등)로 한 경우도 있는데, 이는 범죄를 예방하려는 특별규정이다.

[59] 자수(自首)란 범인이 자발적으로 자신의 범죄사실을 수사기관에 신고하여 그 소추를 구하는 의사표시를 말한다(대법원 1999.4.13. 선고 98도4560 판결). 범죄가 수사기관에 발각되기 전이거나 뒤이거나 묻지 않으며, 범죄사실이나 범인이 알려졌다고 오신한 경우라도 상관없다. 범인이 자발적으로 신고하는 것인 점에서, 수사기관의 신문에 응하여 범죄사실을 진술하는 자백(自白)과 구별된다. 자수는 절차법상 수사의 단서(端緒)가 되며, 실체법상으로는 일반적으로 형의 임의적 감면사유가 된다(형법 52조 제1항).

<형법>([시행 2010.10.16] [법률 제10259호, 2010.4.15, 일부개정])
제52조(자수, 자복) ① 죄를 범한 후 수사책임이 있는 관서에 자수한 때에는 그 형을 감경 또는 면제할 수 있다.
② 피해자의 의사에 반하여 처벌할 수 없는 죄에 있어서 피해자에게 자복한 때에도 전항과 같다.

정에서는 「특정범죄신고자 등 보호법」 제5조(불이익처우의 금지)·제7조(인적 사항의 기재 생략)·제9조(신원관리카드의 열람)부터 제12조(소송진행의 협의 등)까지 및 제16조(범죄신고 자등에 대한 형의 감면)[60]를 준용한다.

---

60) <특정범죄신고자 등 보호법>
제5조(불이익 처우의 금지) 범죄신고자등을 고용하고 있는 자(고용주를 위하여 근로자에 관한 업무를 행하는 자를 포함한다)는 피고용자가 범죄신고등을 하였다는 이유로 해고나 그 밖의 불이익한 처우를 하여서는 아니 된다.
[전문개정 2012. 2. 10.]
제7조(인적 사항의 기재 생략) ① 검사 또는 사법경찰관은 범죄신고등과 관련하여 조서나 그 밖의 서류(이하 "조서등"이라 한다)를 작성할 때 범죄신고자등이나 그 친족등이 보복을 당할 우려가 있는 경우에는 그 취지를 조서등에 기재하고 범죄신고자등의 성명·연령·주소·직업 등 신원을 알 수 있는 사항(이하 "인적 사항"이라 한다)은 기재하지 아니한다. <개정 2014. 12. 30.>
② 사법경찰관이 조서등에 범죄신고자등의 인적 사항의 전부 또는 일부를 기재하지 아니한 경우에는 즉시 검사에게 보고하여야 한다.
③ 제1항의 경우 검사 또는 사법경찰관은 조서등에 기재하지 아니한 인적 사항을 범죄신고자등 신원관리카드(이하 "신원관리카드"라 한다)에 등재하여야 한다.
④ 제1항에 따라 조서등에 성명을 기재하지 아니하는 경우에는 범죄신고자등으로 하여금 조서등에 서명은 가명(假名)으로, 간인(間印) 및 날인(捺印)은 무인(拇印)으로 하게 하여야 한다. 이 경우 가명으로 된 서명은 본명(本名)의 서명과 동일한 효력이 있다.
⑤ 범죄신고자등은 진술서 등을 작성할 때 검사 또는 사법경찰관의 승인을 받아 인적 사항의 전부 또는 일부를 기재하지 아니할 수 있다. 이 경우 제2항부터 제4항까지의 규정을 준용한다.
⑥ 범죄신고자등이나 그 법정대리인은 검사 또는 사법경찰관에게 제1항에 따른 조치를 하도록 신청할 수 있다. 이 경우 검사 또는 사법경찰관은 특별한 사유가 없으면 그 조치를 하여야 한다.
⑦ 신원관리카드는 검사가 관리한다.
⑧ 신원관리카드의 작성 및 관리 등에 필요한 사항은 대통령령으로 정한다.
[전문개정 2012. 2. 10.]
제9조(신원관리카드의 열람) ① 법원은 다른 사건의 재판에 필요한 경우에는 검사에게 신원관리카드의 열람을 요청할 수 있다. 이 경우 요청을 받은 검사는 범죄신고자등이나 그 친족등이 보복을 당할 우려가 있는 경우 외에는 그 열람을 허용하여야 한다.
② 다음 각 호의 어느 하나에 해당하는 경우에는 그 사유를 소명(疏明)하고 검사의 허가를 받아 신원관리카드를 열람할 수 있다. 다만, 범죄신고자등이나 그 친족등이 보복을 당할 우려가 있는 경우에는 열람을 허가하여서는 아니 된다.
1. 검사나 사법경찰관이 다른 사건의 수사에 필요한 경우
2. 변호인이 피고인의 변호에 필요한 경우
3. 제14조에 따른 범죄신고자등 구조금 지급에 관한 심의 등 공무상 필요한 경우
③ 피의자 또는 피고인이나 그 변호인 또는 법정대리인, 배우자, 직계친족과 형제자매는 피해자와의 합의를 위하여 필요한 경우에 검사에게 범죄신고자등과의 면담을 신청할 수 있다.
④ 제3항의 면담 신청을 받은 검사는 즉시 그 사실을 범죄신고자등에게 통지하고, 범죄신고자등이 이를 승낙한 경우에는 검사실 등 적당한 장소에서 범죄신고자등이나 그 대리인과 면담을 할 수 있도록 조치할 수 있다.
⑤ 제2항제2호에 따라 신원관리카드의 열람을 신청한 변호인과 제3항에 따라 면담 신청을 한 자는 검사의 거부처분에 대하여 이의신청을 할 수 있다.
⑥ 제5항의 이의신청은 그 검사가 소속된 지방검찰청검사장(지청의 경우에는 지청장)에게 서면으로 제출하여야 한다. 이 의신청을 받은 검사장 또는 지청장은 이의신청이 이유가 있다고 인정하는 경우에는 신원관리카드의 열람을 허가하거나 범죄신고자등이나 그 대리인과 면담할 수 있도록 조치하여야 한다.
[전문개정 2012. 2. 10.]
제10조(영상물 촬영) ① 범죄신고자등에 대하여 「형사소송법」 제184조(증거보전의 청구와 그 절차) 또는 제221조의2(증인신문의 청구)에 따른 증인신문을 하는 경우 판사는 직권으로 또는 검사의 신청에 의하여 그 과정을 비디오테이프 등 영상물로 촬영할 것을 명할 수 있다.

② 누구든지 제1항에 따라 보호되고 있는 범죄신고자 등이라는 정을 알면서 그 인적사항 또는 범죄신고자 등임을 알 수 있는 사실을 다른 사람에게 알려주거나 공개 또는 보도하여서는 아니 된다.

> **[규칙] 제36조(위탁선거범죄신고자등의 보호)** ① 위원·직원은 위탁선거범죄신고와 관련하여 문답서·확인서, 그 밖의 서류(이하 이 조에서 "문답서등"이라 한다)를 작성하는 경우 위탁선거범죄에 관한 신고·진술·증언, 그 밖의 자료제출행위 등을 한 사람(이하 이 조에서 "위탁선거범죄신고자등"이라 한다)의 성명·연령·주소 및 직업 등 신원을 알 수 있는 사항(이하 이 조에서 "인적사항"이라 한다)의 전부 또는 일부를 기재하지 아니할 수 있다.
> ② 위탁선거범죄신고자등은 문답서등을 작성하는 경우 위원·직원의 승인을 얻어 인적사항의 전부 또는 일부를 기재하지 아니할 수 있다.
> ③ 제1항 또는 제2항의 경우 위원·직원은 문답서등에 기재하지 아니한 인적사항을 별지 제31호서식에 따른 위탁선거범죄신고자등 신원관리카드에 등재하여야 한다.
> ④ 관할위원회가 수사의뢰 또는 고발을 하는 경우에는 조사서류와 별도로 제3항에 따

② 제1항에 따른 영상물의 촬영비용 및 복사에 관하여는 「형사소송법」 제56조의2(공판정에서의 속기·녹음 및 영상녹화)제2항 및 제3항을 준용한다.
③ 제1항에 따라 촬영한 영상물에 수록된 범죄신고자등의 진술은 이를 증거로 할 수 있다.
[전문개정 2012. 2. 10.]
　제11조(증인 소환 및 신문의 특례 등) ① 제7조에 따라 조서등에 인적 사항을 기재하지 아니한 범죄신고자등을 증인으로 소환할 때에는 검사에게 소환장을 송달한다.
② 재판장 또는 판사는 소환된 증인 또는 그 친족등이 보복을 당할 우려가 있는 경우에는 참여한 법원서기관 또는 서기로 하여금 공판조서에 그 취지를 기재하고 해당 증인의 인적 사항의 전부 또는 일부를 기재하지 아니하게 할 수 있다. 이 경우 재판장 또는 판사는 검사에게 신원관리카드가 작성되지 아니한 증인에 대한 신원관리카드의 작성 및 관리를 요청할 수 있다.
③ 제2항의 경우 재판장 또는 판사는 증인의 인적 사항이 신원확인, 증인선서, 증언 등 증인신문의 모든 과정에서 공개되지 아니하도록 하여야 한다. 이 경우 제1항에 따라 소환된 증인의 신원확인은 검사가 제시하는 신원관리카드로 한다.
④ 제2항에 따라 공판조서에 인적 사항을 기재하지 아니하는 경우 재판장 또는 판사는 범죄신고자등으로 하여금 선서서(宣誓書)에 가명으로 서명·무인하게 하여야 한다. 이 경우 제7조제4항 후단을 준용한다.
⑤ 증인으로 소환된 범죄신고자등이나 그 친족등이 보복을 당할 우려가 있는 경우에는 검사, 범죄신고자등 또는 그 법정대리인은 법원에 피고인이나 방청인을 퇴정(退廷)시키거나 공개법정 외의 장소에서 증인신문을 할 것을 신청할 수 있다.
⑥ 재판장 또는 판사는 직권으로 또는 제5항에 따른 신청이 상당한 이유가 있다고 인정할 때에는 피고인이나 방청인을 퇴정시키거나 공개법정 외의 장소에서 증인신문 등을 할 수 있다. 이 경우 변호인이 없을 때에는 국선변호인을 선임하여야 한다.
⑦ 제6항의 경우에는 「법원조직법」 제57조(재판의 공개)제2항·제3항 및 「형사소송법」 제297조(피고인등의 퇴정)제2항을 준용한다.
[전문개정 2012. 2. 10.]
제12조(소송진행의 협의 등) ① 법원은 범죄신고자등이나 그 친족등이 보복을 당할 우려가 있는 경우에는 검사 및 변호인과 해당 피고인에 대한 공판기일의 지정이나 그 밖의 소송 진행에 필요한 사항을 협의할 수 있다.
② 제1항에 따른 협의는 소송진행에 필요한 최소한에 그쳐야 하며, 판결에 영향을 주어서는 아니 된다.
③ 제1항의 경우에는 「특정강력범죄의 처벌에 관한 특례법」 제10조(집중심리) 및 제13조(판결선고)를 준용한다.
[전문개정 2012. 2. 10.]
제16조(범죄신고자등에 대한 형의 감면) 범죄신고등을 함으로써 그와 관련된 자신의 범죄가 발견된 경우 그 범죄신고자등에 대하여 형을 감경하거나 면제할 수 있다.
[전문개정 2012. 2. 10.]

른 신원관리카드를 봉인하여 조사기록과 함께 관할 경찰관서 또는 관할 검찰청에 제출하여야 한다. 〈개정 2021. 3. 23.〉

제76조(위탁선거 위반행위 신고자에 대한 포상금 지급) 관할위원회는 위탁선거 위반행위에 대하여 선거관리위원회가 인지하기 전에 그 위반행위의 신고를 한 사람에 대하여 중앙선거관리위원회규칙으로 정하는 바에 따라 포상금을 지급할 수 있다.

> **[규칙] 제37조(포상금 지급기준 및 포상방법 등)** ① 법 제76조에 따른 위탁선거 위반행위 신고자에 대한 포상은 1억원(동시조합장선거에서는 3억원)의 범위에서 포상금심사위원회의 의결을 거쳐 관할위원회 위원장이 포상하되, 포상대상자를 익명으로 할 수 있다. 〈개정 2018. 9. 21.〉
> ② 포상금의 지급기준·지급절차, 포상금심사위원회의 설치 등에 관하여는 「공직선거관리규칙」 제143조의4(포상금 지급기준 및 포상방법)제2항 및 제4항부터 제7항까지의 규정과 제143조의5(포상금심사위원회의 설치 및 구성)부터 제143조의8(포상금심사위원회의 의견청취 등)까지의 규정을 준용한다.

제77조(위탁선거에 관한 신고 등) ① 이 법 또는 이 법의 시행을 위한 중앙선거관리위원회규칙에 따라 선거기간 중 선거관리위원회에 대하여 행하는 신고·신청·제출·보고 등은 이 법에 특별한 규정이 있는 경우를 제외하고는 공휴일에도 불구하고 매일 오전 9시부터 오후 6시까지 하여야 한다.
② 각급선거관리위원회는 이 법 또는 이 법의 시행을 위한 중앙선거관리위원회규칙에 따른 신고·신청·제출·보고 등을 해당 선거관리위원회가 제공하는 서식에 따라 컴퓨터의 자기디스크나 그 밖에 이와 유사한 매체에 기록하여 제출하게 하거나 해당 선거관리위원회가 지정하는 인터넷 홈페이지에 입력하는 방법으로 제출하게 할 수 있다.

> **[규칙] 제38조(위탁선거에 관한 신고 등)** ① 법 제77조제2항에 따라 신고·신청·제출 및 보고 등을 관할위원회가 제공하는 서식에 따라 컴퓨터의 자기디스크 등에 기록하여 제출하거나 관할위원회가 정하는 인증방식에 따라 인증을 받은 후 관할위원회가 지정하는 인터넷 홈페이지에 입력하는 방법으로 제출하는 경우에는 위탁단체·후보자 또는 신청권자 등의 도장이 찍혀있지 아니하더라도 정당한 도장이 찍힌 신고·신청·제출 및 보고 등으로 본다.
> ② 법 제77조제2항에 따른 방법으로 신고·신청·제출 및 보고 등을 하는 경우 그 첨부서류는 컴퓨터·스캐너 등 정보처리능력을 가진 장치를 이용하여 전자적인 이미지 형태로 제출하게 할 수 있다.
> ③ 법 및 이 규칙에 따른 공고는 관할위원회, 위탁단체의 주된 사무소 및 지사무소의 건물 또는 게시판에 첨부하는 것으로 한다.

제78조(선거관리경비) ① 위탁선거를 위한 다음 각 호의 경비는 해당 위탁단체가 부담하고 선거의 실시에 지장이 없도록 제1호의 경우에는 선거기간개시일 전 60일(재선거, 보궐선거, 위탁단체의 설립·분할 또는 합병으로 인한 선거의 경우에는 위탁신청을 한 날부터 10일)까지, 제2호 및 제3호의 경우에는 위탁관리 결정의 통지를 받은 날(의무위탁선거의 경우에는 위탁신청을 한 날)부터 10일까지 관할위원회에 납부하여야 한다.
  1. 위탁선거의 준비 및 관리에 필요한 경비
  2. 위탁선거에 관한 계도·홍보에 필요한 경비
  3. 위탁선거 위반행위의 단속 및 조사에 필요한 경비
② 동시조합장선거에서 제76조에 따른 포상금 지급에 필요한 경비는 해당 조합과 그 중앙회가 균분하여 부담하여야 한다.
③ 위탁선거의 관리에 필요한 다음 각 호의 경비는 국가가 부담한다.
  1. 위탁선거에 관한 사무편람의 제정·개정에 필요한 경비
  2. 그 밖에 위탁선거 사무의 지도·감독 등 통일적인 업무수행을 위하여 필요한 경비
④ 중앙선거관리위원회는 위탁기관의 의견을 들어 선거관리경비 산출기준을 정하고 이를 관할위원회에 통지하여야 하며, 관할위원회는 그 산출기준에 따라 경비를 산출하여야 한다.
⑤ 관할위원회는 제52조에 따른 결선투표가 실시될 경우 그 선거관리경비를 제4항과 별도로 산출하여야 한다.
⑥ 관할위원회는 제4항에 따라 선거관리경비를 산출하는 때에는 예측할 수 없는 경비 또는 불가피한 사유로 산출기준을 초과하는 경비에 충당하기 위하여 산출한 선거관리경비 총액의 100분의 5 범위에서 부가경비를 계상하여야 한다.
⑦ 제1항에 따른 납부금은 체납처분이나 강제집행의 대상이 되지 아니하며 그 경비의 산출기준, 납부절차와 방법, 집행, 검사, 반환, 그 밖에 필요한 사항은 중앙선거관리위원회규칙으로 정한다.

> **[규칙] 제39조(공통경비의 부담기준)** 관할위원회가 둘 이상의 위탁선거를 동시에 관리하는 경우 그 사무가 서로 겹치거나 공동으로 행하게 되어 있어 그 경비를 부담하는 위탁단체가 분명하지 아니한 때에는 해당 위탁단체들은 중앙선거관리위원회 위원장이 정하는 부담기준에 따라 관할위원회가 정하는 금액을 각각 부담한다.

> **[규칙] 제40조(경비산출)** 관할위원회가 선거관리경비를 산출하는 경우 적용하는 선거기간 및 단가 등은 다음 각 호와 같다.
>   1. 선거기간은 법 제13조에 따른다.
>   2. 관할위원회 위원의 수당·여비는「선거관리위원회법 시행규칙」별표 3 및 별표 4에 따른다.
>   3. 투표관리관·투표사무원 및 개표사무원의 수당·여비는 제17조제9항 및 제25조제5항에 따른다.

4. 공정선거지원단원의 수당·실비는 제5조제7항에 따른다.
5. 투표참관인·개표참관인의 수당·식비는 제24조제3항에 따른다.
6. 시간외근무수당, 일용임금, 일반수용비, 공공요금 및 제세, 특근매식비, 차량·선박비, 국내여비 등은 선거관리경비 산출 당시의 정부고시가격 또는 정부의 기준요금 [「국가재정법」 제29조(예산안편성지침의 통보)제1항에 따른 예산안편성지침의 기준단가 및 요금을 포함한다]에 따른다.
7. 그 밖에 제2호부터 제6호까지의 규정 외의 단가는 시가 또는 실제 소요되는 가격에 따른다.

[규칙] **제41조(경비의 납부절차)** ① 관할위원회는 위탁선거를 실시하는 경우에는 관할위원회의 소재지를 관할하는 금융기관(우체국을 포함한다)에 관할위원회 명의의 예금계좌를 개설하여야 한다.
② 관할위원회는 법 제78조제1항에 따른 선거관리경비의 납부기한 전 5일까지 해당 위탁단체에 선거관리경비의 금액·납부기한 및 계좌번호 등을 통지하여야 한다.
③ 위탁단체는 제2항에 따라 통지받은 선거관리경비를 관할위원회에 납부하고 통보하여야 한다.

[규칙] **제42조(경비의 추가납부)** ① 관할위원회는 결선투표 등으로 선거관리경비의 추가 납부 사유가 발생한 경우에는 지체 없이 해당 위탁단체에 그 경비의 납부를 요구하여야 한다.
② 제1항의 요구를 받은 위탁단체는 요구를 받은 날부터 5일까지 관할위원회에 그 경비를 납부하고 통보하여야 한다.

[규칙] **제43조(경비집행)** ① 관할위원회는 합리적인 선거관리경비 집행계획을 수립하여 선거관리경비를 효율적으로 집행하여야 한다.
② 중앙선거관리위원회 또는 특별시·광역시·도·특별자치도(이하 "시·도"라 한다)선거관리위원회는 경비절감 및 행정능률을 위하여 하급선거관리위원회의 위탁선거에 관한 사무 중에서 다음 각 호의 사무를 통합적으로 수행할 수 있으며, 그에 필요한 경비를 해당 선거관리위원회로부터 납부받아 일괄하여 집행할 수 있다. 이 경우 그 경비의 납부·집행·정산 등에 관하여는 중앙선거관리위원회 위원장이 정하는 바에 따른다.
1. 투표함, 기표용구, 일련번호지 투입함, 투표소출입자의 표지 등 투표관리 용구·용품의 구입·제작
2. 개표소부서표찰, 개표소출입자의 표지 등 개표관리 용구·용품의 구입·제작
3. 투표록, 개표록, 각종 공고문 등 서식의 인쇄·제작
4. 선거계도포스터, 위탁선거 위반행위 사례집 등 계도·홍보물의 인쇄·제작
5. 위원·직원 대상 선거관리에 관한 교육
6. 그 밖에 중앙선거관리위원회 위원장 또는 시·도선거관리위원회 위원장이 정하는 사무
③ 선거관리경비의 집행에 관한 사무는 중앙선거관리위원회훈령에 따른 회계 관계 공

무원이 행하되, 구·시·군선거관리위원회 사무국장 또는 사무과장은 관서운영경비출납공무원이 「국고금 관리법 시행규칙」 별지 각 호 서식을 작성할 때에는 관서장의 권한을 대행한다.
④ 선거관리경비의 집행에 관한 증거서류의 구비, 회계장부의 비치와 보존 등에 관하여는 중앙선거관리위원회 위원장이 정하는 바에 따른다.

[규칙] 제44조(경비의 정산·반환) ① 중앙선거관리위원회 또는 시·도선거관리위원회는 관할위원회로부터 납부받은 선거관리경비를 정산·반환할 때에는 선거일 후 20일까지 집행잔액을 관할위원회에 납부하고 통지하여야 한다.
② 관할위원회는 위탁단체로부터 납부받은 선거관리경비를 정산·반환할 때에는 선거일 후 30일까지 집행잔액을 해당 위탁단체에 납부하고 성질별·세목별·항목별 집행내역을 통지하여야 한다. 이 경우 위탁단체는 관할위원회가 통지한 집행내역을 위탁단체 구성원에게 공개할 수 있다. 〈개정 2021. 8. 30.〉
③ 제2항에도 불구하고 관할위원회는 동시조합장선거에서 위탁단체의 합병·해산 또는 무투표 등으로 선거를 실시하지 아니할 사유가 발생한 경우에는 다음 각 호에 따라 해당 위탁단체로부터 납부받은 선거관리경비를 정산·반환하여야 한다. 이 경우 그 선거관리경비 중 이미 집행하였거나 집행 원인이 발생한 경비는 제외한다. 〈신설 2018. 9. 21.〉
1. 선거일 전 30일까지 사유가 발생한 경우: 그 사유를 통보받은 날부터 20일까지
2. 선거일 전 30일 후에 사유가 발생한 경우: 선거일 후 30일까지

[규칙] 제45조(동시조합장선거의 포상금에 관한 특례) ① 동시조합장선거에서 법 제76조에 따른 포상금을 지급하기 위하여 각 중앙회 및 해당 조합은 다음의 산정식에 따라 산출한 금액을 부담한다. 이 경우 1억원 미만의 단수는 1억원으로 한다.

$$\text{각 중앙회 및 해당 조합의 부담금액} = 20억원 \times \frac{\text{중앙회별 동시조합장선거를 실시하는 소속 조합의 수}}{\text{동시조합장선거를 실시하는 중앙회 소속 조합 전체의 수}}$$

② 제1항에 따른 부담금액 중 법 제78조제2항에 따라 해당 조합이 부담하는 금액은 해당 조합의 선거인수 등을 고려하여 중앙선거관리위원회 위원장이 정하는 기준에 따라 관할위원회가 정한다.
③ 중앙선거관리위원회는 해당 중앙회가 부담하여야 할 금액을, 관할위원회는 해당 조합이 부담하여야 할 금액을 법 제78조제1항제3호에 따른 경비의 납부기한 전 5일까지 각각 통지하여야 하며, 해당 중앙회 및 조합은 통지받은 부담금액을 법 제78조제1항제3호에 따른 경비의 납부기한까지 중앙선거관리위원회 및 관할위원회에 각각 납부하고 통보하여야 한다.
④ 중앙선거관리위원회 및 관할위원회는 제37조에 따라 포상금을 지급하는 경우 그 지급에 필요한 경비가 부족할 때에는 해당 중앙회 및 조합에 추가로 그 경비의 납부를 요구할 수 있다. 이 경우 해당 중앙회 및 조합은 지체 없이 이를 중앙선거관리위원회 및

관할위원회에 각각 납부하고 통보하여야 한다.
⑤ 중앙선거관리위원회 및 관할위원회가 제3항 또는 제4항에 따라 각 중앙회 및 조합으로부터 납부받은 부담금액을 정산·반환할 때에는 선거일 후 30일까지 집행잔액을 해당 중앙회 및 조합에 각각 납부하고 통지하여야 한다.
⑥ 제5항에도 불구하고 중앙선거관리위원회는 제5항에 따른 반환기일 후에 포상금을 지급하여야 하거나 지급하여야 할 사유가 발생할 것으로 예상되는 경우에는 해당 선거일 후 6개월까지 그 금액의 반환을 유예할 수 있다.

[규칙] 제46조(경비의 검사 등) ① 관할위원회는 선거관리경비출납계산서를 작성하여 증명기간 경과 후 15일 이내에 직근 상급선거관리위원회를 경유하여 중앙선거관리위원회에 제출하여야 하며, 계산서의 증명기간은 1월로 하되, 최초의 증명기간은 제41조에 따라 선거관리경비를 납부받은 때로 하고 최종 증명기간은 제44조제2항에 따라 정산·반환을 완료한 때로 한다.
② 선거관리경비에 관한 회계검사는 중앙선거관리위원회 위원장이 정하는 바에 따른다.
③ 중앙선거관리위원회는 선거관리경비에 관한 결산개요, 사업설명자료, 성질별·세목별 집행내역 등 결산서를 다음 연도 4월까지 국회 소관 상임위원회에 제출하여야 한다.
〈신설 2021. 8. 30.〉
[제목개정 2021. 8. 30.]

[규칙] 제47조(특별정려금 지급 등) ① 관할위원회는 특별정려금 및 수당을 선거관리경비에 계상하여 해당 위탁단체로부터 납부받아 위탁선거사무를 수행하는 선거관리위원회 소속 직원에게 지급할 수 있다.
② 위탁선거의 관리·단속에 공로가 있는 선거관리위원회 소속 직원에 대하여는 포상금 지급 및 인사상 우대조치를 할 수 있다.
③ 제1항에 따른 특별정려금 및 수당의 지급대상·지급액, 제2항에 따른 포상금 지급 및 인사상 우대조치 등에 관하여는 중앙선거관리위원회 위원장이 정하는 바에 따른다.

제79조(시행규칙) 위탁선거의 관리에 관하여 이 법의 시행을 위하여 필요한 사항은 중앙선거관리위원회규칙으로 정한다.

부칙 <제17893호, 2021. 1. 12.> (지방자치법)

제1조(시행일) 이 법은 공포 후 1년이 경과한 날부터 시행한다.

제2조 부터 제21조까지 생략

제22조(다른 법률의 개정) ①부터 ⑥까지 생략

⑦ 공공단체등 위탁선거에 관한 법률 일부를 다음과 같이 개정한다.

제41조제1항 본문 중 "「지방자치법」 제4조의2"를 각각 "「지방자치법」 제7조"로 한다.

⑧부터 <69>까지 생략

제23조 생략

[규칙] 부칙 〈제534호, 2021. 8. 30.〉
제1조(시행일) 이 규칙은 공포한 날부터 시행한다.
제2조(선거관리경비 집행내역 통지에 관한 적용례) 제44조제2항의 개정규정은 이 규칙 시행 후 최초로 실시하는 선거부터 적용한다.
제3조(선거관리경비 결산서 제출에 관한 적용례) 제46조제3항의 개정규정은 이 규칙 시행일이 속하는 연도의 선거관리경비 결산서부터 적용한다.

[별표 1] 과태료부과기준
[별표 2] 10배 이상 50배 이하 과태료 부과기준(자수하지 아니한 경우)
[별표 3] 자수자에 대한 과태료 감경기준
[별지 제1호서식] 선거관리 위탁 신청서
[별지 제2호서식] 선거인명부
[별지 제3호서식] 선거인명부 작성상황 통보서
[별지 제4호서식] 선거인명부 확정상황 통보서
[별지 제5호서식] 확정된 선거인명부의 오기사항 등의 통보서
[별지 제6호서식] (예비후보자)·(후보자) 등록신청서
[별지 제7호서식] (피선거권)·(범죄경력) (조사)·(조회) 회보서
[별지 제8호서식] 인영신고서
[별지 제9호서식] (예비후보자)·(후보자) 사퇴신고서
[별지 제10호서식] (예상 선거인수)·(선거벽보 첩부수량 등) 통보서
[별지 제11호서식] (선거공보)·(선거벽보)제출서
[별지 제12호서식] (선거공보)·(선거벽보) 정정요청서
[별지 제13호서식] (선거공보)·(선거벽보)의 내용 중 경력 등에 관한 이의제기서
[별지 제14호서식] 위법게시물의 삭제요청에 대한 이의신청서

[별지 제15호서식] 본인승낙서
[별지 제16호서식] 잠정투표지 투입봉투
[별지 제17호서식] 삭제 <2018. 9. 21.>
[별지 제18호서식] 선거 투표안내문
[별지 제19호서식] (투표)·(개표)참관인 신고서
[별지 제20호서식] 삭제 <2018. 9. 21.>
[별지 제21호서식] 삭제 <2018. 9. 21.>
[별지 제22호서식] 삭제 <2018. 9. 21.>
[별지 제23호서식] 삭제 <2018. 9. 21.>
[별지 제24호서식] 삭제 <2018. 9. 21.>
[별지 제25호서식] 삭제 <2018. 9. 21.>
[별지 제26호서식] (위탁선거사무관리)·(투표의 효력)에 관한 이의제기서
[별지 제27호서식] 당선증
[별지 제28호서식] 과태료처분에 대한 이의제기서
[별지 제29호서식] 출석요구
[별지 제30호서식] 신분증명서
[별지 제31호서식] 위탁선거범죄신고자등 신원관리카드

[별표 1]

과 태 료 부 과 기 준

(단위: 만원)

처분대상	관계법조	법정 상한액	부과기준
1. 현행범인 또는 준현행범인으로서 선거관리위원회 위원·직원의 위탁선거 위반행위 조사를 위한 동행요구에 응하지 아니하는 행위	○ 법 제68조제1항·법 제73조제4항	300	가. 매회: 300
2. 인터넷 홈페이지 등에 게시된 위법한 정보를 지체 없이 삭제하지 아니하는 행위	○ 법 제68조제2항제1호·법 제29조제2항	100	가. 삭제 요청을 받고 정해진 기한까지 이행하지 아니한 때: 50 나. 이행기한을 초과하는 매 1일마다 가산액: 10
3. 위탁선거 위반행위의 조사를 위한 출석요구에 정당한 사유 없이 응하지 아니하는 행위	○ 법 제68조제2항제2호·법 제73조제4항	100	가. 당사자는 매회: 100 나. 관계인은 매회: 50

[별표 2]

10배 이상 50배 이하 과태료 부과기준(자수하지 아니한 경우)

위반행위 및 양태	부과기준액	부과기준액 가감기준
1. 법 제68조제3항 본문에 해당하는 사람으로서 다음 각 목의 어느 하나에 해당하는 행위를 한 경우 　가. 금전·물품 등의 제공을 알선·권유·요구하는 행위 　나. 금전·물품 등이 제공된 각종 모임·집회 및 행사를 주관·주최하는 행위 　다. 금전·물품 등이 제공된 각종 모임·집회 및 행사에 참석할 것을 연락하거나 독려하는 등 다른 사람에 앞장서서 행동하는 행위	제공받은 가액의 50배	해당 위반행위의 동기와 그 결과 및 위탁선거에 미치는 영향, 위반기간, 위반정도 및 조사에 협조한 정도 등을 고려하여 부과기준액의 2분의 1의 범위에서 이를 감경하거나 가중할 수 있음. 이 경우 부과금액은 제공받은 가액의 10배 미만이거나 50배를 초과할 수 없음.
2. 제1호에 해당되지 아니하는 사람으로서 법 제35조제3항을 위반하여 금전·물품 등을 제공받은 경우	제공받은 가액의 30배	
3. 제1호에 해당하지 아니하는 사람으로서 법 제35조제3항을 위반하여 금전·물품 등을 우편·운송회사 등을 통하여 본인의 수령의사와 무관하게 제공받은 사람이 지체 없이 이를 반환하지 아니한 경우	제공받은 가액의 10배	

[별표 3]

자수자에 대한 과태료 감경기준

감경대상	감경사유	부과기준액	부과기준액 감경기준
1. 법 제68조제3항 단서에 해당하는 사람으로서 다음 각 목의 어느 하나에 해당하는 행위를 하고 자수한 경우 가. 금전·물품 등의 제공을 알선·권유·요구하는 행위 나. 금전·물품 등이 제공된 각종 모임·집회 및 행사를 주관·주최하는 행위 다. 금전·물품 등이 제공된 각종 모임·집회 및 행사에 참석할 것을 연락하거나 독려하는 등 다른 사람에 앞장서서 행동하는 행위	가. 선거관리위원회가 금전·물품 등의 제공사실을 알게 된 후 고발 등 조치(수사기관이 알게 된 후 기소 또는 기소유예 처분을 한 경우를 포함한다. 이하 같다) 전까지 자수하였으나 금전·물품 등을 제공한 사람과 제공받은 일시·장소·방법·상황 등을 선거관리위원회 또는 수사기관에 자세하게 알리지 않은 경우	제공받은 가액의 5배	금전·물품 등을 제공받은 경위, 자수동기와 시기, 위탁선거에 미치는 영향 및 조사에 협조한 정도 등을 고려하여 부과기준액의 2분의 1의 범위에서 추가적으로 감경할 수 있음.
	나. 고발 등 조치 후 자수한 경우	제공받은 가액의 10배	
2. 제1호에 해당하지 아니하는 사람으로서 법 제35조제3항을 위반하였으나 금전·물품 등을 제공받고 자수한 경우	가. 제1호의 감경사유 가목과 같음.	제공받은 가액의 2배	
	나. 제1호의 감경사유 나목과 같음.	제공받은 가액의 5배	
3. 제1호에 해당하지 아니하는 사람으로서 법 제35조제3항을 위반하였으나 금전·물품 등을 우편·운송회사 등을 통하여 본인의 수령의사와 무관하게 제공받은 사람이 지체 없이 이를 반환하지 아니하고 자수한 경우	가. 제1호의 감경사유 가목과 같음.	제공받은 가액	
	나. 제1호의 감경사유 나목과 같음.	제공받은 가액의 2배	

주: "고발 등 조치"란 관할위원회가 법 제72조제2항에 따라 취하는 조치를 말한다.

[별지 제1호서식]

○○선거관리 위탁 신청서

위 탁 선 거 명	
위 탁 단 체 명	
대 표 자 성 명	한글: (한자:)
소재지	주사무소	(전화번호:)
	지사무소	(전화번호:)
임 기 만 료 일		보궐선거등 사유발생일	
관 할 구 역	
구 성 원 수	명(개인 , 법인)

「공공단체등 위탁선거에 관한 법률」 제8조에 따라 위와 같이 ○○○ 선출을 위한 선거관리를 위탁합니다.

      년   월   일

                        위탁자   ○ ○단체
                        대표자 ○ ○ ○ ㊞

○○선거관리위원회   귀중

덧붙임: 정관 및 선거규정 각 1부.

주: 1. "정관 및 선거규정"이란 그 명칭에 관계없이 위탁단체의 조직·활동 및 선거 등을 규율하는 자치규범을 말합니다.
    2. 지사무소가 2 이상 있는 경우에는 그 현황을 별도로 첨부합니다.

[별지 제2호서식]

<표 지>

　　　　년　월　일　실시 ○○선거

선 거 인 명 부

작　성: 　년　월　일부터　　　년　월　일까지
확　정: 　년　월　일

○○단체 제○투표소분(○책 중 ○권)
　　　　　　　○ ○ 단체의 장 ㊞

주: 동시조합장선거에서는 "○○단체 제○투표소분"을 "○○단체 ○○구·시·군분"으로 적습니다.

<내 지>

등재번호 ①	주 소 ②	성 별 ③	생년월일 ④	성 명 ⑤	투표용지수령인⑥		비 고 ⑦
					㈎	㈏	

주: 1. 명부기재방법
　① "등재번호"칸에는 투표소단위(동시조합장선거에서는 구·시·군 단위를 말한다)로 그 구역의 선거인 성명의 가, 나, 다순(성명이 동일한 경우에는 생년월일순)으로 적되, 법인인 경우에는 명부의 맨 끝에 법인 명칭의 가, 나, 다순에 따라 일련번호를 적습니다.
　② "주소"칸에는 회원명부상의 주소를 적습니다.
　③·⑤ "성별"칸과 "성명"칸은 선거인의 성별과 성명을 한글로 적습니다.
　④ "생년월일"칸에는 아라비아 숫자로 적되, 법인은 사업자등록번호를 적습니다. 이 경우 동시조합장선거에서는 생년월일 대신 주민등록번호를 적을 수 있습니다.
　⑥ "투표용지수령인"칸 중 "㈎"의 칸은 투표소에서 선거인의 본인여부를 확인받은 후 본인이 서명하거나 날인 또는 무인하며, "㈏"의 칸은 해당 법령이나 정관등에 따라 선거의 일부무효로 인한 재선거 등을 실시할 때에 한정하여 서명하거나 날인 또는 무인합니다.
　⑦ "비고"칸의 기재와 선거인명부의 수정은 다음과 같이 합니다.
　　가. 관할위원회는 선거인명부확정 후에 선거권이 없는 자·사망자·이중등재자·오기된 자를 위탁단체로부터 통보받은 때에는 그 사실을 비고칸에 적습니다. 다만, 관할위원회가 선거인명부를 투표관리관에게 인계한 후에는 투표관리관이 그 사실을 비고칸에 적습니다.
　　나. 거소·순회·인터넷투표자명부에 오른 자는 비고칸에 "거소투표자", "순회투표자", "인터넷투표자"로 적습니다.

2. 선거인명부 작성 시 윗 칸과 동일사항이 계속될 때에는 "상동" 또는 "〃"표시로서 생략할 수 있습니다. 다만, 쪽을 달리할 경우에는 생략할 수 없습니다.
　　3. 선거인명부가 작성되면 대철하여 선거인명부의 표지와 끝 쪽의 대철부분에 위탁단체의 장의 직인을 찍습니다.

<명부의 끝부분 기재사항>

⑴ 이 선거인명부는 　년　월　일부터　년　월　　일까지 작성하고 ○ 책으로 (분철)작성하였음.
　　　　　　　　　　　　　　　　　　　　　○○단체의 장　㊞

⑵ 이 선거인명부는　년　월　일부터　년　월　　일까지 ○○장소에서 열람하게 하였음.
　　　　　　　　　　　　　　　　　　　　　○○단체의 장　㊞

⑶ 이 선거인명부는　　년　월　일 확정되었음.
　　　　　　　　　　　　　　　　　　　　　○○단체의 장　㊞

주: 1. ⑶항은 명부의 이의신청에 대한 결정과 변경사항의 수정에 따라 추가로 명부에 올린 후 명부의 확정 시 끝부분에 적습니다.
　　2. 통합선거인명부를 작성하여 사용하는 때에는 (1), (2)항을 생략하고 (3)항의 '○○단체의 장'은 '관할위원회 위원장'으로 바꾸어서 사용할 수 있습니다.

[별지 제3호서식]

선거인명부 작성상황 통보서

투표소명	구 성 원 수 (년　월　일 현재)	선거인명부에 등재된 선거인수	구성원수에 대한 선거인수 비율(%)	비 고

주: 1. 구성원수는 선거일공고일 현재의 구성원수를 적습니다.
　　2. 동시조합장선거에서는 "투표소명"을 "구·시·군명"으로 적습니다.

[별지 제4호서식]

선거인명부 확정상황 통보서

투표소명	① 구성원수 (년 월 일 현재)	② 선거인명부에 등재된 선거인수	③ 직권수정에 의한 감	④ 이의신청 등의 결정에 의한		⑤ 확정된 선거인수	구성원수에 대한 선거인수 비율(%)	비고
				증	감			

주: 1. 이 서식은 다음과 같이 적습니다.
　　①칸은 선거일공고일 현재의 구성원수를 적습니다.
　　②칸은 선거인명부작성상황 통보서상의 선거인수를 적습니다.
　　③칸은 선거인명부확정 전까지 사망자·선거권이 없는 자 및 이중등재자 등의 발견으로 직권 수정하여 감소된 선거인수를 적습니다.
　　④칸은 선거인명부 열람에 따른 이의신청에 대한 결정 및 선거인명부확정 전까지 누락자 등에 대한 명부등재 결정으로 인하여 증감된 선거인수를 적습니다.
　　⑤칸은 ②칸의 선거인수에 ③·④칸의 수를 증감한 수를 적습니다.
2. 이 통보서에는 별지 <선거인명부 수정상황>을 작성하여 첨부합니다.
3. 동시조합장선거에서는 "투표소명"을 "구·시·군명"으로 적습니다.

<별 지>

선거인명부 수정상황

투표소명	선거인명부 등재번호	성 명	수 정 내 용		수정사유	비 고
			수 정 전	수 정 후		

주: 1. "수정사유"칸은 이의신청 등에 대한 결정, 오기, 누락, 이중등재, 사망, 선거권이 없는 자 등으로 적습니다.
2. 동시조합장선거에서는 "투표소명"을 "구·시·군명"으로 적습니다.

[별지 제5호서식]

확정된 선거인명부의 오기사항 등의 통보서

투표소명	등재번호	성 명	오기사항 등	비 고

주: 1. "오기사항 등"칸에는 오기·선거권이 없는 자·사망자·이중등재자 등에 대한 사실을 적습니다. (예: 성명 중 "○○"은 "××"의 오기임, ○년 ○월 ○일 ○○법 위반으로 ○○형을 받음, ○년 ○월 ○일 사망함 등)
2. 동시조합장선거에서는 "투표소명"을 "구·시·군명"으로 적습니다.

[별지 제6호서식] <개정 2018. 1. 19.>

(예비후보자)·(후 보 자) 등 록 신 청 서

1. 성   명: (한자:)
2. 주민등록번호:
3. 등록기준지:
4. 주   소: (전화번호: , 휴대전화번호:)
5. 직   업:
6. 학   력:
7. 경   력:

    년 월 일 실시하는 ○○선거에서 (예비후보자)·(후보자)등록을 신청합니다.
                     년 월 일
                 신 청 인 ○ ○ ○ ㊞

○○선거관리위원회 귀중

첨부서류: 1. 가족관계증명서 1통.
     2. 피선거권에 관한 증명서류 ○부(통).

주: 1. 성명은 가족관계증명서에 기록된 성명을 그대로 적어야 하며, 신청서에 기재된 성명이 가족관계증명서에 기록된 성명과 일치하지 아니하는 경우에는 관할위원회가 직권으로 정정할 수 있습니다.
2. 경력은 중요한 사항(2개 정도)만을 적습니다.
3. 등록기준지는 가족관계증명서에 기록된 대로 정확히 적어야 합니다.
4. 첨부서류는 가족관계증명서 외에 해당 법령이나 정관등에 따른 피선거권에 관한 증명서류의 목록을 적고 그 서류를 제출합니다.

[별지 제7호서식] <개정 2018. 1. 19.>

(피선거권)·(범죄경력) (조사)·(조회) 회보서

성 명	한글		주민등록번호	
	한자			
주 소				
등록기준지				

조회사항	해당유무		조회내역
	유	무	

상기와 같이 회보함.

　　　년　월　일

확인기관명　㊞

주: "조회사항"칸은 해당 법령이나 정관등을 확인하여 법 제18조제4항·제5항 또는 법 제24조의2 제4항 및 규칙 제11조의2제3항에 따라 조사·조회하여야 하는 (예비)후보자의 피선거권 또는 범죄경력에 관한 사항을 적습니다.

[별지 제8호서식] <개정 2018. 1. 19.>

인 영 신 고 서

(예비후보자)·(후보자) ○○○	인 영

년   월   일 실시하는 ○○선거에서 사용할 도장의 인영을 위와 같이 신고합니다.

년   월   일

(예비후보자)·(후보자)   ○ ○ ○   ㊞

○○선거관리위원회   귀중

주: 대행위원회등에 배부할 수 있는 매수를 제출하여야 합니다.

[별지 제9호서식] <개정 2018. 1. 19.>

(예비후보자)·(후 보 자) 사 퇴 신 고 서

1. 선　거　명:

2. (예비후보자)·(후보자)성명:

3. 주민등록번호:

4. 사 퇴 사 유:

　　　위 본인은　년　월　일 실시하는 ○○선거에서 (예비후보자)·(후보자)를 사퇴하고자 신고합니다.

년　월　일

(예비후보자)·(후 보 자)　　○ ○ ○　　㊞

○○선거관리위원회 귀중

[별지 제10호서식]

(예상 선거인수)·(선거벽보 첨부수량 등) 통보서

1. 선 거 명:

2. 예상 선거인수:

3. 선거벽보 첨부장소 등

구 분	첨부수량	첨부장소	비 고
주사무소			
지사무소			

　　　　　년　월　일 실시하는 ○○선거에서 「공공단체등 위탁선거에 관한 규칙」 (제12조제3항)·(제13조제5항)에 따라 (예상 선거인수)·(선거벽보 첨부수량 등)을 위와 같이 통보합니다.

　　　　　　　　　　　　　　년　　월　　일

　　　　　　　　　　　　　○ ○단체의 장　㊞

○ ○ 선거관리위원회 귀중

붙 임: 선거벽보 첨부장소 및 위치 약도 ○부.

주: 1. "첨부수량"칸에는 선거벽보를 첨부할 장소의 수를 적어야 하며, 지사무소가 2 이상인 경우에는 모든 지사무소의 선거벽보 첨부수량을 적어야 합니다.
　　2. "첨부장소"칸에는 주사무소 및 지사무소의 게시판, 정문, 복도, 층수 등 선거벽보를 첨부할 위치를 자세하게 적어야 하며, 하나의 사무소의 여러 곳에 선거벽보를 첨부하는 경우에는 그 장소를 모두 적어야 합니다.

[별지 제11호서식]

(선거공보)·(선거벽보)제출서

1. 선 거 명:

2. 후보자성명:

3. 제 출 내 역

구 분	작성수량	제출하여야 할 수량(가)	제출수량 (나)	부족수량 (가-나)	비 고
선거공보					
선거벽보					

        년   월   일 실시하는 ○○선거에서 (선거공보)·(선거벽보)를 위와 같이 제출합니다.

년   월   일

후 보 자   ○ ○ ○   ㊞

○ ○ 선거관리위원회 귀중

주: 1. "제출하여야 할 수량"은 관할위원회가 정하여 공고한 수량을 적습니다.
    2. "제출수량"은 관할위원회에 실제 제출하는 수량을 적습니다.

[별지 제12호서식]

(선거공보)·(선거벽보) 정정요청서

선 거 명					
후보자	성 명 (한 자)			기 호	
	생년월일 (성 별)		전화번호 (휴대전화번호)		
	주 소				

1. 정정 매수:
2. 정정 내용:
3. 정정 이유:

      년 월 일에 실시하는 ○○선거에서 (선거공보)·(선거벽보) 내용을 정정하고자 위와 같이 요청합니다.

년 월 일

후 보 자 ○ ○ ○   ㊞

○ ○ 선거관리위원회 귀중

주: 1. 이 신청서는 관할위원회에 제출하여야 합니다.
    2. "정정 매수"칸에는 관할위원회에 제출한 매수 중 정정하고자 하는 매수를 모두 적습니다.

[별지 제13호서식]

(선거공보)·(선거벽보)의 내용 중 경력 등에 관한 이의제기서

이 의 제기자	성 명		(한자)		생년월일	
	주 소					
	전화번호					
이의제기 대 상 자	선 거 명			후보자성명		
이의사실	이의제기 내용					
	이의제기 사유					

    년 월 일 실시하는 ○○선거에서 「공공단체등 위탁선거에 관한 법률」(제25조제5항)·(제26조제3항)에 따라 (선거공보)·(선거벽보) 게재내용 중 (경력·학력·학위·상벌)에 관하여 위와 같이 이의를 제기합니다.

년 월 일

이의제기자 ○ ○ ○ ㉑

붙 임: 증명서류 1부.

○○선거관리위원회 귀중

주: 1. "이의제기 내용"칸에는 이의제기를 하고자 하는 대상(경력, 학력, 학위, 상벌) 및 그 게재내용을 적습니다.
    2. 이의제기 사유의 내용이 많을 경우 별지로 작성할 수 있습니다.

[별지 제14호서식]

위법게시물의 삭제요청에 대한 이의신청서

신청인	성 명 (한 자)		생년월일	
	주 소			

삭제요청 사항	
이의신청 사유	

「공공단체등 위탁선거에 관한 법률」 제29조제3항에 따라 위와 같이 이의를 제기하니 조치하여 주시기 바랍니다.

년 월 일

신청인 ○○○ ㊞

○○선거관리위원회 귀중

[별지 제15호서식]

본 인 승 낙 서

1. 소　　속:
2. 직 위(직 급):
3. 성　　명:
4. 생 년 월 일:
5. 주　　소:
6. 전 화 번 호:

위 본인은 「공공단체등 위탁선거에 관한 법률」 제40조제2항에 따른 투표관리관으로 위촉됨을 승낙합니다.

년　월　일

승 낙 인　○○○ ㊞

○○선거관리위원회 귀중

[별지 제16호양식]

잠정투표지 투입봉투

○○구·시·군선거관리위원회

잠정투표지 재중

라벨 붙이는 곳

주: "라벨 붙이는 곳"에는 잠정투표자의 성명, 선거인명부 등재번호 등을 표시한 전자적 형태의 표시를 붙인다.

[별지 제17호서식] 삭제 <2018. 9. 21.>

[별지 제18호서식]

○○선거 투표안내문

투표시간	월 일 오전 시부터 오후 시까지
투표장소	

▶ 투표하러 갈 때 자신의 등재번호를 오려 가면 빨리 투표할 수 있습니다.

◀ 선거인명부 등재내역 ▶

선거인 성 명		선거인명부 등 재 번 호	○○선거	
			○○선거	
			○○선거	

▶ 신분증명서가 없으면 투표할 수 없으므로 주민등록증·여권·운전면허증·공무원증이나 관공서 또는 공공기관이 발행한 국가유공자증·장애인등록증·자격증, 그 밖에 사진이 첨부된 신분을 확인할 수 있는 증명서 중에서 하나를 반드시 가지고 가야 합니다.

주: 1. 이 서식은 게재사항과 게재방법 등을 고려하여 전체의 규격이나 선거인명부 등재내역칸을 축소 또는 확대할 수 있다.
  2. 투표절차, 그 밖의 안내가 필요한 사항을 앞면 또는 뒷면에 적되, 이를 투표안내문 발송용봉투에 적은 경우에는 기재를 생략할 수 있다.
  3. 이 서식에 필요한 사항은 추가·변경하여 사용할 수 있다.

[별지 제19호서식]

(투표)·(개표)참관인 신고서

1. 후보자성명:
2. 참 관 인

투표소명	성 명	생년월일	성별	주 소 (전화번호)	직업	비고

　　　년 월 일 실시하는 ○○ 선거에서 (투표)·(개표)참관인을 위와 같이 신고합니다.

년 월 일

후보자 ○ ○ ○ ㊞

○○ 선거관리위원회 귀중

주: 1. 개표참관인 신고를 하는 경우에는 "투표소명"칸을 삭제하여 사용합니다.
　　2. 교체신고시에는 "비고"칸에 이미 신고된 자 "○○○과(와) 교체"라고 적습니다.
　　3. 동시조합장선거에서 투표참관인 신고를 하는 경우에는 투표소별로 투표참관인 지정순위(1, 2)를 "비고"칸에 적어야 합니다.

[별지 제20호서식] 삭제 <2018. 9. 21.>
[별지 제21호서식] 삭제 <2018. 9. 21.>
[별지 제22호서식] 삭제 <2018. 9. 21.>
[별지 제23호서식] 삭제 <2018. 9. 21.>
[별지 제24호서식] 삭제 <2018. 9. 21.>
[별지 제25호서식] 삭제 <2018. 9. 21.>

[별지 제26호서식]

(위탁선거사무관리)・(투표의 효력)에 관한 이의제기서

이의 제기자	성 명		(한자)		생년월일	
	주 소					
	전화번호					
이의 사실	이의제기 내용					
	이의제기 사유					

　년 월 일 실시하는 ○○선거에서 「공공단체등 위탁선거에 관한 법률」 제55조 단서에 따라 위와 같이 이의를 제기합니다.

년 월 일

이의제기자 ○ ○ ○ ㊞

○○선거관리위원회 귀중

주: 1. 이의제기 사유의 내용이 많을 경우 별지로 작성할 수 있습니다.
　　2. 이이제기의 내용을 증명할 수 있는 자료가 있는 경우에는 그 자료를 첨부합니다.

[별지 제27호서식]

증 제   호

당 선 증

성 명

　귀하는 년 월 일 실시한 ○○ 선거에서 당선인으로 결정되었으므로 당선증을 드립니다.

년 월 일

○○선거관리위원회 ㊞

주: 1. 이 서식을 인쇄하는 때에는 무궁화(그 안에 "選"자를 표시함)나 해당 조합의 휘장 등을 밑그림으로 넣을 수 있다.
　　2. 이 서식을 작성하는 때에는 "성명"의 표시는 생략하고, 당선인의 성명을 적는다.

[별지 제28호서식]

과태료처분에 대한 이의제기서

이의제기자	성 명		(한자)		생년월일	
	과태료부담자 와의 관계					
	주 소					
과태료처분내역		부 과 기 관		과태료부담자		
		고지받은 일자		과 태 료 금 액		
		과태료처분사유				
과태료처분에 대한 불복사유						

 「공공단체등 위탁선거에 관한 법률」 제68조제5항제2호에 따라 위의 과태료처분에 불복하여 이의를 제기하니 「질서위반행위규제법」 에 따라 법원의 과태료재판을 받도록 조치하여 주시기 바랍니다.

년 월 일

이의제기자   ㉑

○○선거관리위원회위원장 귀하

[별지 제29호서식]

○○선거관리위원회

문서번호
시행일자
수 신
제 목   출석요구

　　　귀하에게 다음 사항에 대한 사실을 확인하고자 「공공단체등 위탁선거에 관한 법률」 제73조제4항에 따라 출석을 요구하오니 이 출석요구서와 신분증 및 도장 그리고 귀하가 필요하다고 생각되는 자료를 가지고 지정된 일시까지 나와 주시기 바랍니다.

다　음

출 석 일 시	년　월　일　시
출 석 장 소	○○선거관리위원회(전화　　　)
출석요구사유	
지 참 물	
담 당 공 무 원	직위(급)　　　성명

년　월　일

○○선거관리위원회위원장 ⑪

[별지 제30호양식]

신 분 증 명 서

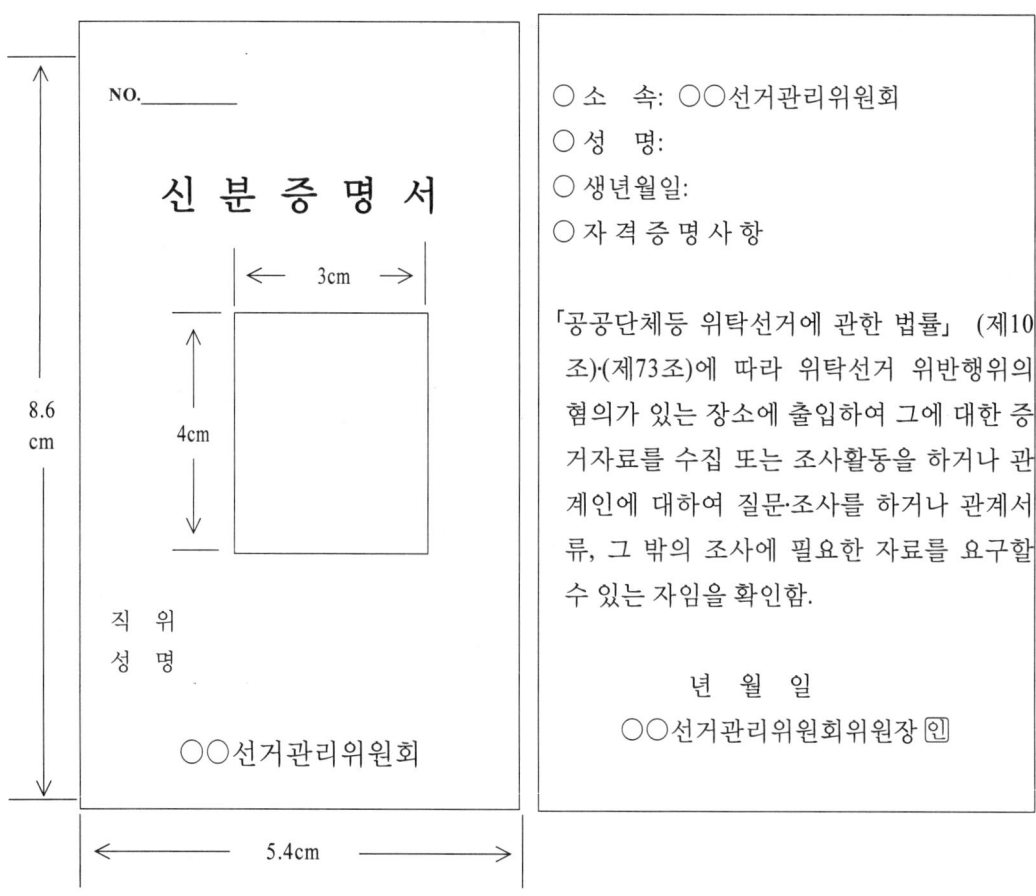

주: 뒷면 「자격증명사항」을 작성하는 경우에 공정선거지원단원은 "제73조"를, 위원·직원은 "제10조"를 작성하지 아니한다.

[별지 제31호서식]

위탁선거범죄신고자등 신원관리카드

〈별지 제1호〉 봉투

(앞 면)

최초작성기관명		
사건번호	사경	
	검찰	
	법원	
관리번호	년 호	

위탁선거범죄신고자등 신원관리카드

(뒷 면)

신원관리카드 송부·열람·관리자 등 현황

		송 부 자				접 수 자		
카드 송부	송부일자	소속	직위(직급)	성명	접수일자	소속	직위(직급)	성명

		열 람 자			열 람 사 유	
열람	열람일자	소속	직위(직급)	성명		

	지 정 일 자	관 리 검 사
관리 검사 지정		

		신 청 자				
위탁 선거 범죄 신고 자등 면담 신청	신청일자	성명	위탁선거범죄신고자등 (또는 피고인)과의 관계	신 청 사 유	면담일자

		담 당 자			통 지 내 용	
주요 변동 상황 통지	통지일자	소속	직위(직급)	성명		

257mm×364mm(인쇄용지 특급 70g/㎡)

<별지 제2호> 신원관리카드

(앞 면)

위탁선거범죄신고자등 신원관리카드					
관 리 번 호						
사 건 번 호						
법 원 사 건 번 호						
피의자(피고인)성 명				주 임 검 사	
위탁선거범죄신고자등 인적사항	성 명			가 명	
	주민등록번호			직 업	
	등록기준지			전 화 번 호	
	주 소				
	본 인 서 명	본명		신 분	
		가명			
작 성 원 인	위탁선거범죄신고자등의 신청, 선거관리위원회 위원·직원의 직권, 사법경찰관의 직권, 검사의 직권, 판사의 작성요청				
최 초 작 성 일 자			최 초 작 성 자		서명 또는 날인
신원관리카드 접 수 일 자			사 건 종 국 결 정 일 자		

보좌인	성 명	주소 (전화번호)	직업	피보좌인과의 관계	직권 신청	신청 일자	사법경찰관의 허가신청일자	지정 일자	지정자	비고
	주민등록번호					신청인	검사의 허가일자			
1										
2										

(뒷 면)

변호인	선임기간			성 명		
	선임기간			성 명		
신변안전 조치	피의자(피고인)와의 관계	종류	신청(지시·요청)일자	조치기관	조치일자	조치사항
	신청인과의 관계		신청(지시·요청)일자			
1						
2						

구조금 지급	신청인	성 명(가명)		위탁선거범죄신고자 등과의 관계	
		주민등록번호		직 업	
		주 소		전 화 번 호	
	결 정	결 정 위 원 회		결 정 일 자	
		결 정 내 용		결정통지일자	
	지 급	청 구 일 자		청 구 금 액	
		지 급 일 자		지 급 금 액	

210mm×297mm(보존용지(1종) 120g/㎡)

[별첨자료 1]

참고할만한 판례들(위탁선거법 제정 이전)[61]

I. 선거절차의 진행

| 판 례1 | [농업협동조합 사례] 임원선거규약의 성질 등(대법원 2009.12.10. 선고 2009도5207 판결)[판시사항] |

[1] 조합 임원 선거의 선거운동방법에 관하여 규정한 농업협동조합법 제50조 제4항, 제172조 제2항을 해석할 때 자치적 법규범인 '임원선거규약'도 기초로 삼아야 하는지 여부(적극[62]))
[2] 축산업협동조합의 조합임원선거관리준칙을 위반하여 조합원과 비조합원을 가리지 않고 다수의 사람들에게 '선거운동에 관한 문자메시지를 발송한 행위'를 농업협동조합법위반죄로 인정한 원심의 판단을 수긍한 사례

| 판 례2 | [농업협동조합사례] 임원선거규약의 성질 및 선거범죄의 구성요건 해당성 판단(대법원 2002.11.8. 선고 2002도5060 판결) |

[1] 농업협동조합이 자체적으로 마련한 임원선거규약의 법적 성질(=자치적 법규범) 및 농업협동조합법 제50조 제1항 제1호, 제2항, 제172조 제1항, 제2항의 해석에 있어서 위 임원선거규약의 내용을 기초로 삼아야 하는지 여부(적극)
[2] 공소사실이 범행일자가 명시되어 있지 않은 관계로 농업협동조합법 소정의 금품제공금지위반죄 및 호별방문죄의 구성요건에 해당하는지 여부를 판단할 수 있을 정도로 특정되지 않았다고 한 사례

| 판 례3 | [수산업협동조합 사례] 임원선거규정의 법적 성질(대법원 2000.11.24. 선고 2000도3569 판결) |

o 수산업협동조합이 자체적으로 마련한 임원선거규정의 법적 성질(=자치적 법규범) 및 구 수산업협동조합법 제55조의4, 제165조의2의 해석에 있어서 위 임원선거규정의 내용을 기초로 삼아야 하는지 여부(적극)

| 판 례4 | [임업협동조합 사례] 임원선거규약의 성질 및 개정효력(대법원 1999.10.22. 선고 99다35225 판결) |

[1] 임업협동조합이 자체적으로 마련한 임원선거규약의 효력
[2] 임업협동조합이 선거일 공고일 이후 투표일 이전에 임원선거규약 중 선거인에 관한 규정을 개정하면서 이를 선거일 공고일로 소급 적용하도록 한 경우, 그 개정 규정이 유효하게 소급 적용되는지 여부(한정 적극)

---

61) 상세한 내용과 해설은 『협동조합 선거법규』(이선신著, 동방문화사刊, 2013.) 참조 요망. 이 책의 내용에는 『협동조합 선거법규』의 내용 중 일부를 발췌·인용한 부분이 있다.
62) '적극'은 인용(認容)을, '소극'은 '기각(棄却)' 또는 '각하(却下)'를 의미한다.

판례5 [농업협동조합 사례] 경업자의 임원 등 취직 금지를 규정한 구 농협법 제53조 소정의 '조합의 사업과 실질적으로 경쟁관계에 있는 사업'의 판단 기준(대법원 2000.12.22. 선고 2000다51889 판결)

농업협동조합의 목적사업이라 하더라도 조합이 완전히 폐업한 사업이나 사업장소를 마련하는 등 구체적인 준비에 착수조차 하지 않은 사업, 즉 추상적 이해충돌의 가능성만 있는 경우에는 조합이 이를 실제로 행하거나 행할 것이 확실한 사업이라고 보기 어려워 조합의 임직원이 그 목적사업과 동종의 사업을 경영한다 하더라도 이는 구 농업협동조합법(1998. 12. 28. 법률 제5591호로 개정되기 전의 것) 제53조 소정의 실질적으로 경쟁관계에 있는 사업을 경영하는 것으로 볼 수 없다.

판례6 [농업협동조합 사례] 당연탈퇴사유 해당시 조합원 자격 유지 여부 등(대법원 2010.9.30. 선고 2009다91880 판결)

[1] 구 농업협동조합법상 당연 탈퇴사유에 해당하는 조합원이라 할지라도 이사회의 확인이 없으면 조합원의 자격이 그대로 유지되는지 여부(소극)

[2] 구 농업협동조합법 제19조 제1항 또는 갑 낙농업협동조합의 정관 제9조 제1항 제1호가 조합원의 자격으로 '조합의 구역 안에 주소, 거소나 사업장이 있는 자로서 착유우를 5두 이상 사육하는 농업인'이라고 규정하고 있을 뿐이므로 동일 가구 내의 여러 사람일지라도 이 요건을 구비하는 한 모두가 조합원이 되고, 각자가 별도로 축사를 운영하여야만 하는 것은 아니라고 한 사례

판례7 [수산업협동조합 사례] 조합원 자격상실에 관한 이사회결의의 절차상의 하자 여부 및 조합원 자격요건 상실에 관한 입증책임(대법원 2005.5.13. 선고 2004다18385 판결)

[1] 지구별수산업협동조합이 조합원 자격의 상실을 의결하는 이사회 결의를 함에 있어서 당해 조합원에게 필요한 자료를 제출하거나 변명할 기회를 부여하지 아니하고, 그 소집통지도 이사회 개최 당일 오전에야 하는 잘못을 하였지만, 위 조합의 정관에 조합원 제명과 달리 조합원 자격심사에서는 당사자에게 변명의 기회를 주도록 하는 규정이 없는 점, 위 이사회 결의 당시 위 조합원의 자격과 관련한 수협중앙회의 관련 자료가 제출되어 있었던 점, 위 이사회에 이사와 감사 전원이 출석하였고 소집통지 절차에 대하여 아무런 이의가 없었던 점 등 제반 사정에 비추어 보면, 위와 같은 절차의 하자만으로는 위 이사회의 결의가 당연무효라고 보기 어렵다고 한 사례

[2] 이사회의 동의를 얻어 가입한 조합원은 가입 당시 조합원의 자격이 있는 것으로 보아야 하고 또한 특별한 사정이 없는 이상에는 그러한 자격은 계속하여 유지되고 있다고 보아야 할 것인 점 등 제반 사정에 비추어 볼 때, 지구별수산업협동조합이 조합원 자격의 상실을 결정함에 있어서 당해 조합원이 '장래에 향하여 어업을 경영할 것이 사회통념상 또는 객관적으로 명백한 경우'라는 자격요건을 상실하였다는 점에 대하여는 이를 주장하는 위 조합에게 증명책임이 있다고 한 사례

Ⅱ. 선거운동

판례1 [농업협동조합 사례] 선거운동의 의미 등(대법원 2011.6.24. 선고 2010도9737 판결)

[1] 농업협동조합법상 '선거운동'의 의미 및 구체적인 행위가 선거운동에 해당하는지의 판단 기준

[2] 농업협동조합 조합장으로서 차기 조합장 선거 후보자인 피고인 갑과 조합 이사인 피고인 을이 공모하여, 피고인 갑이 신규조합원들을 상대로 특강 등을 실시하면서 피고인 갑의 재직 중 사업실적과 향후 계획을

홍보하는 등으로 임원의 지위를 이용하여 선거운동을 하였다고 하여 농업협동조합법 위반으로 기소된 사안에서, 피고인들을 같은 법 위반죄의 공동정범으로 인정한 원심판단을 수긍한 사례

[3] 농업협동조합법 제50조 제5항 제2호에서 조합 임직원에 대하여 금지하는 '선거운동의 기획에 참여하거나 그 기획의 실시에 관여하는 행위'의 의미

[4] 농업협동조합 조합장인 피고인 갑이 차기 조합장 선거에 입후보하였는데, 조합 이사인 피고인 을이 피고인 갑의 재직 중 실적 및 공약사항을 기재한 문건을 직접 작성하여 실적 관련 자료와 함께 피고인 갑의 선거 홍보물 제작 담당자에게 전달하였다고 하여 농업협동조합법 위반으로 기소된 사안에서, 피고인 을의 행위가 임원의 지위를 이용하여 '선거운동의 기획에 참여하거나 그 기획의 실시에 관여하는 행위'에 해당한다고 본 원심판단을 수긍한 사례

[5] 농업협동조합 조합장으로서 차기 조합장 선거 후보자인 피고인 갑과 조합 이사인 피고인 을이 신규조합원들을 상대로 피고인 갑의 재직 중 사업실적과 향후 계획을 홍보하는 특강 등을 실시한 후 위 조합원들에게 점심을 제공하였다고 하여 '임직원의 지위 이용 선거운동'으로 인한 농업협동조합법 위반죄와 '이익제공'으로 인한 같은 법 위반죄의 상상적 경합으로 기소된 사안에서, 위 두 죄가 실체적 경합 관계에 있다는 전제에서, 위 식사제공 행위 부분에 대하여 무죄를 인정한 원심판단을 수긍한 사례

| 판례2 | [농업협동조합 사례] 선거운동방법을 기간제한 없이 할 수 있는지 여부 및 정관에서 선거운동방법에 '기간제한'을 두었더라도 그 위반행위를 처벌할 수 있는지 여부(대법원 2007.9.20. 선고 2007도1475 판결) |

[1] 농업협동조합법 제50조 제4항의 선거운동방법 중 정관에 정한 것을 기간제한 없이 할 수 있는지 여부(적극) 및 정관에서 선거운동방법에 '기간제한'을 두었더라도 그 위반행위를 위 법률 위반죄로 처벌할 수 있는지 여부(소극)

[2] 농업협동조합법 제50조 제4항의 선거운동방법 중 축산업협동조합의 정관에서 정한 방법인 '전화를 이용한 지지호소'를 하였다면, 설령 위 정관이 규정한 선거운동 기간의 제한을 위반하였다고 하더라도 위 법률 위반죄가 성립하지 않는다고 한 사례

| 판례3 | |

[농업협동조합 사례] 선거운동의 제한에 관한 농협법 제50조 제4항의 취지 및 정관에 정한 방법으로 선거운동을 하면서 허위사실을 게재·공표하는 행위도 위 조항을 위반한 것인지 여부(소극) (대법원 2007.7.27. 선고 2007도1676 판결)

| 판례4 | |

[수산업협동조합 사례] 임원선거에 출마한 후보자의 위법한 선거운동이 당선을 취소할 사유에 해당하기 위한 요건(대법원 2007.7.13. 선고 2005두13797 판결)

| 판례5 | [농업협동조합 사례] 호별방문죄의 구성요건 등(대법원 2010.7.8. 선고 2009도14558 판결) |

[1] 구 농업협동조합법상 호별방문죄의 구성요건으로서 호별방문의 의미 및 그 죄수(=포괄일죄)
[2] 호별방문죄에서 호별방문의 대상이 되는 '호(戶)'의 의미 및 판단 기준
[3] 지역농협의 조합장 선거에 출마한 피고인이 지지를 호소하기 위해 방문한 복숭아 과수원으로 보이는

'농원'을 구 농업협동조합법상 방문이 금지되는 '호(戶)'에 해당한다고 본 원심판단에 법리오해 및 심리미진의 위법이 있다고 한 사례

판 례6 [농업협동조합 사례] 호별방문죄의 포괄일죄 판단(대법원 2007.7.12. 선고 2007도 2191 판결)

[1] 선거운동을 위하여 다수의 조합원을 호별로 방문한 경우 호별방문죄의 죄수(=포괄일죄)

[2] 포괄일죄로 보아야 하는 각 호별방문 행위를 경합범으로 보아 경합범 가중을 하여 처단형의 범위가 더 높아진 경우, 죄수에 관한 법리를 오해함으로써 판결에 영향을 미친 위법이 있다고 한 사례

판 례7 [농업협동조합 사례] 호별방문죄의 행위주체 등(대법원 2003.6.13. 선고 2003도889 판결)

[1] 농업협동조합법 제50조 제2항 소정의 호별방문죄는 '임원이 되고자 하는 자'가 스스로 호별방문행위를 한 경우만을 처벌하는 것인지 여부(적극)

[2] 선거운동을 위하여 다수의 조합원을 호별로 방문한 경우 호별방문죄의 죄수(=포괄일죄)

[3] 항소심에서 전부 유죄로 인정된 갑죄와 을죄의 경합범 중 포괄일죄인 갑죄의 일부 범죄사실을 유죄로 인정할 수 없는 경우, 상고심의 파기범위

판 례8 [농업협동조합 사례] 금품제공의 대상 및 죄수관계(대법원 2007.4.27. 선고 2006도 5579 판결)

[1] 지역농업협동조합과 다른 조합 사이의 합병절차가 완료되기 전에 합병으로 존속하거나 신설될 조합의 임원 또는 대의원에 당선되려는 목적으로 합병될 각 조합의 조합원 등에게 금품 등을 제공하는 행위가 농업협동조합법 제50조 제1항 제1호에 해당하는지 여부(적극)

[2] 농업협동조합법 제50조 제1항 제1호에 규정된 금품 등의 제공행위에 의한 농업협동조합법 위반죄의 죄수관계(=상대방마다 별개의 죄가 성립)

판 례9 [엽연초생산협동조합 사례] 금품제공행위가 개입된 선거 및 그에 기한 당선인 결정을 무효하고 한 사례(대법원 1996.6.25. 선고 95다50196 판결)

엽연초생산협동조합법에 임원선거시의 금품 등 제공행위를 형사처벌하거나 그로 인한 당선을 무효로 한다는 규정이 없더라도, 조합장 선거에 출마한 후보자가 당선을 목적으로 선거인들에게 금품을 제공한 행위는 선량한 풍속 기타 사회질서에 반하는 행위이고, 한편 당선인과 차순위 후보자 사이의 득표 차가 불과 2표인 점에 비추어 보면 당선인 등의 금품제공 행위는 선거 결과에도 영향을 미쳤다고 볼 수밖에 없다는 이유로, 그와 같은 반사회적 행위가 개입됨으로써 선거 결과에 영향을 준 조합장 선거 및 이를 기초로 한 당해 조합의 당선인 결정은 무효라고 한 사례.

판 례10 [농업협동조합 사례] '금품이나 재산상 이익제공의 의사표시'로 보기 어려운 경우 (대법원 2008.6.12. 선고 2008도3019 판결)

o 조합장 선거의 후보자로 등록한 사람이 조합원들에게 "현 조합장의 억대 연봉???", "매년 5,000만 원을 조합원의 복지기금으로 내놓겠습니다"라는 내용으로 선거공보물과 소형인쇄물을 작성·발송한 행위가, 구 농업협동조합법 제50조의2 제1항에서 금하고 있는 금품이나 재산상 이익제공의 의사표시를 한 것에 해당하지 않는다고 한 사례

Ⅲ. 선거쟁송

판 례1 [농업협동조합 사례] 선거무효확인의 소(訴)의 제기 주체 등(대법원 2003.12.26. 선고 2003다11837 판결)

 [1] 농업협동조합의 조합장 선거에서 법령에 위반한 사유가 있는 경우 각 조합원이 그 무효의 확인을 구하는 소를 제기할 수 있는지 여부(적극)
 [2] 공직선거및선거부정방지법상 선거무효소송과 당선무효소송의 법리가 농업협동조합법에 의한 당선무효확인의 소에 적용될 수 있는지 여부(소극) 및 농업협동조합법에 의한 당선무효확인의 소가 인용되기 위하여 당해 조합 선거관리위원회의 책임으로 돌릴 만한 사유를 요하는지 여부(소극)
 [3] 농협협동조합의 조합장 선거에 의한 당선이 무효가 되는 경우
 [4] 선거방법이 벽보로만 제한된 농업협동조합의 조합장 선거에서 상대방 후보자에 대한 허위 내지 비방의 유인물을 전 조합원에게 발송한 후보자가 유효투표의 2%의 득표차이로 조합장에 선출된 경우 제반 사정을 고려하여 위 선거가 무효라고 판단한 사례

[별첨자료 2]

농협법령 및 정관등의 참고내용[63]

* 수협법령, 산림조합법령 등은 지면관계상 생략합니다(별도로 참조 요망[64]).

목 차

Ⅰ. 농업협동조합법[시행 2022. 4. 14.] [법률 제18020호, 2021. 4. 13., 일부개정] ················ 91

Ⅱ. 농업협동조합법시행령[시행 2022. 4. 14.] [대통령령 제32571호, 2022. 4. 12., 일부개정] ·· 94

Ⅲ. 농업협동조합법시행규칙[시행 2017. 12. 28.] [농림축산식품부령 제303호, 2017. 12. 28., 일부개정] ··· 99

Ⅳ. 조합정관례
   1. 지역농업협동조합정관례[시행 2018. 6. 11.] [농림축산식품부고시 제2018-44호, 2018. 6. 11., 일부개정] ··· 99
   2. 지역축산업협동조합정관례[시행 2018. 6. 11.] [농림축산식품부고시 제2018-45호, 2018. 6. 11., 일부개정] ··· 118
   3. 품목별·업종별협동조합정관례[시행 2018. 6. 11.] [농림축산식품부고시 제2018-46호, 2018. 6. 11., 일부개정] ·· 118

Ⅴ. 조합임원선거관리준칙(예)
   * 내용 생략(조합임원선거관리준칙(예) 등 내규는 별도 참조 요망 : 조합의 규정(예)집에 수록된 내용 참조) ·· 118

---

[63] 지면관계상 일부내용만 발췌·인용하였으므로, 전체 내용을 보려면 해당 법령을 별도로 참조하시기 바랍니다(법제처 국가법령정보센터 홈페이지 검색 등). 한편, 선거관련 법규는 개정이 빈번하므로 개정여부를 확인해야 합니다.
[64] 법제처 법령정보센터 홈페이지, 해당 단체의 홈페이지 등 참조 요망.

Ⅰ. 농업협동조합법 [시행 2022. 4. 14.] [법률 제18020호, 2021. 4. 13., 일부개정]

제19조(조합원의 자격) ① 조합원은 지역농협의 구역에 주소, 거소(居所)나 사업장이 있는 농업인이어야 하며, 둘 이상의 지역농협에 가입할 수 없다.
② 「농어업경영체 육성 및 지원에 관한 법률」 제16조 및 제19조에 따른 영농조합법인과 농업회사법인으로서 그 주된 사무소를 지역농협의 구역에 두고 농업을 경영하는 법인은 지역농협의 조합원이 될 수 있다.
③ 특별시 또는 광역시의 자치구를 구역의 전부 또는 일부로 하는 품목조합은 해당 자치구를 구역으로 하는 지역농협의 조합원이 될 수 있다.
④ 제1항에 따른 농업인의 범위는 대통령령[65]으로 정한다.
[전문개정 2009. 6. 9.]

제45조(임원의 정수 및 선출) ① 지역농협에 임원으로서 조합장 1명을 포함한 7명 이상 25명 이하의 이사와 2명의 감사를 두되, 그 정수는 정관으로 정한다. 이 경우 이사의 3분의 2 이상은 조합원이어야 하며, 자산 등 지역농협의 사업규모가 대통령령으로 정하는 기준 이상에 해당하는 경우에는 조합원이 아닌 이사를 1명 이상 두어야 한다.
② 지역농협은 정관으로 정하는 바에 따라 제1항에 따른 조합장을 포함한 이사 중 2명 이내를 상임(常任)으로 할 수 있다. 다만, 조합장을 비상임으로 운영하는 지역농협과 자산 등 사업규모가 대통령령으로 정하는 기준 이상에 해당하는 지역농협에는 조합원이 아닌 이사 중 1명 이상을 상임이사로 두어야 한다. <개정 2016. 12. 27.>
③ 지역농협은 정관으로 정하는 바에 따라 감사 중 1명을 상임으로 할 수 있다. 다만, 자산 등 사업규모가 대통령령으로 정하는 기준 이상에 해당하는 지역농협에는 조합원이 아닌 상임감사 1명을 두어야 한다. <신설 2016. 12. 27.>
④ 제2항 본문에도 불구하고 자산 등 지역농협의 사업규모가 대통령령으로 정하는 기준 이상에 해당하는 경우에는 조합장을 비상임으로 한다. <개정 2016. 12. 27.>
⑤ 조합장은 조합원 중에서 정관으로 정하는 바에 따라 다음 각 호의 어느 하나의 방법으로 선출한다. <개정 2016. 12. 27.>
 1. 조합원이 총회 또는 총회 외에서 투표로 직접 선출
 2. 대의원회가 선출
 3. 이사회가 이사 중에서 선출
⑥ 조합장 외의 임원은 총회에서 선출한다. 다만, 상임이사 및 상임감사는 조합 업무에 대한 전문지식과 경험이 풍부한 사람으로서 대통령령으로 정하는 요건에 맞는 사람 중에서 인사추천위원회에서 추천된 사람을 총회에서 선출한다. <개정 2014. 12. 31., 2016. 12. 27.>

---

[65] 농협법시행령 제4조 참조.

⑦ 상임인 임원을 제외한 지역농협의 임원은 명예직으로 한다. <개정 2016. 12. 27.>

⑧ 지역농협은 이사 정수의 5분의 1 이상을 여성조합원과 품목을 대표할 수 있는 조합원에게 배분되도록 노력하여야 한다. 다만, 여성조합원이 전체 조합원의 100분의 30 이상인 지역농협은 이사 중 1명 이상을 여성조합원 중에서 선출하여야 한다. <개정 2014. 12. 31., 2016. 12. 27.>

⑨ 지역농협의 조합장 선거에 입후보하기 위하여 임기 중 그 직을 그만 둔 지역농협의 이사 및 감사는 그 사직으로 인하여 실시사유가 확정된 보궐선거의 후보자가 될 수 없다. <신설 2011. 3. 31., 2016. 12. 27.>

⑩ 임원의 선출과 추천, 제6항에 따른 인사추천위원회 구성과 운영에 관하여 이 법에서 정한 사항 외에 필요한 사항은 정관으로 정한다. <개정 2011. 3. 31., 2016. 12. 27.>

[전문개정 2009. 6. 9.]

제49조(임원의 결격사유) ① 다음 각 호의 어느 하나에 해당하는 사람은 지역농협의 임원이 될 수 없다. 다만, 제10호와 제12호는 조합원인 임원에게만 적용한다. <개정 2011. 3. 31., 2012. 6. 1., 2014. 6. 11., 2016. 12. 27.>

1. 대한민국 국민이 아닌 사람
2. 미성년자・피성년후견인 또는 피한정후견인
3. 파산선고를 받고 복권되지 아니한 사람
4. 법원의 판결이나 다른 법률에 따라 자격이 상실되거나 정지된 사람
5. 금고 이상의 실형을 선고받고 그 집행이 끝나거나(집행이 끝난 것으로 보는 경우를 포함한다) 집행이 면제된 날부터 3년이 지나지 아니한 사람
6. 제164조제1항이나 「신용협동조합법」 제84조에 규정된 개선(改選) 또는 징계면직의 처분을 받은 날부터 5년이 지나지 아니한 사람
7. 형의 집행유예선고를 받고 그 유예기간 중에 있는 사람
8. 제172조 또는 「공공단체등 위탁선거에 관한 법률」 제58조(매수 및 이해유도죄)・제59조(기부행위의 금지・제한 등 위반죄)・제61조(허위사실 공표죄)부터 제66조(각종 제한규정 위반죄)까지에 규정된 죄를 범하여 벌금 100만원 이상의 형을 선고받고 4년이 지나지 아니한 사람
9. 이 법에 따른 임원 선거에서 당선되었으나 제173조제1항제1호 또는 「공공단체등 위탁선거에 관한 법률」 제70조(위탁선거범죄로 인한 당선무효)제1호에 따라 당선이 무효로 된 사람으로서 그 무효가 확정된 날부터 5년이 지나지 아니한 사람
10. 선거일 공고일 현재 해당 지역농협의 정관으로 정하는 출자좌수(出資座數) 이상의 납입 출자분을 2년 이상 계속 보유하고 있지 아니한 사람. 다만, 설립이나 합병 후 2년이 지나지 아니한 지역농협의 경우에는 그러하지 아니하다.
11. 선거일 공고일 현재 해당 지역농협, 중앙회 또는 다음 각 목의 어느 하나에 해당하는 금융기관에 대하여 정관으로 정하는 금액과 기간을 초과하여 채무 상환을 연체하고 있는 사람

가. 「은행법」에 따라 설립된 은행

나. 「한국산업은행법」에 따른 한국산업은행

다. 「중소기업은행법」에 따른 중소기업은행

라. 그 밖에 대통령령으로 정하는 금융기관

12. 선거일 공고일 현재 제57조제1항의 사업 중 대통령령으로 정하는 사업에 대하여 해당 지역농협의 정관으로 정하는 일정 규모 이상의 사업 이용실적이 없는 사람

② 제1항의 사유가 발생하면 해당 임원은 당연히 퇴직된다.

③ 제2항에 따라 퇴직한 임원이 퇴직 전에 관여한 행위는 그 효력을 상실하지 아니한다.

[전문개정 2009. 6. 9.]

제52조(임직원의 겸직 금지 등) ① 조합장과 이사는 그 지역농협의 감사를 겸직할 수 없다.

② 지역농협의 임원은 그 지역농협의 직원을 겸직할 수 없다.

③ 지역농협의 임원은 다른 조합의 임원이나 직원을 겸직할 수 없다.

④ 지역농협의 사업과 실질적으로 경쟁관계에 있는 사업을 경영하거나 이에 종사하는 사람은 지역농협의 임직원 및 대의원이 될 수 없다.

⑤ 제4항에 따른 실질적인 경쟁관계에 있는 사업의 범위는 대통령령[66]으로 정한다.

⑥ 조합장과 이사는 이사회의 승인을 받지 아니하고는 자기 또는 제3자의 계산으로 해당 지역농협과 정관으로 정하는 규모 이상의 거래를 할 수 없다.

[전문개정 2009. 6. 9.]

제105조(조합원의 자격) ① 조합원은 지역축협의 구역에 주소나 거소 또는 사업장이 있는 자로서 축산업을 경영하는 농업인이어야 하며, 조합원은 둘 이상의 지역축협에 가입할 수 없다.

② 제1항에 따른 축산업을 경영하는 농업인의 범위는 대통령령[67]으로 정한다.

[전문개정 2009. 6. 9.]

제108조(목적) 품목조합은 정관으로 정하는 품목이나 업종의 농업 또는 정관으로 정하는 한우사육업, 낙농업, 양돈업, 양계업, 그 밖에 대통령령[68]으로 정하는 가축사육업의 축산업을 경영하는 조합원에게 필요한 기술·자금 및 정보 등을 제공하고, 조합원이 생산한 농축산물의 판로 확대 및 유통 원활화를 도모하여 조합원의 경제적·사회적·문화적 지위향상을 증대시키는 것을 목적으로 한다.

[전문개정 2009. 6. 9.]

---

66) 농협법시행령 제5조의4 참조.
67) 농협법시행령 제10조 참조.
68) 농협법시행령 제11조 참조.

Ⅱ. 농업협동조합법시행령[시행 2022. 4. 14.] [대통령령 제32571호, 2022. 4. 12., 일부개정]

제4조(지역농업협동조합의 조합원의 자격) ① 법 제19조제1항에 따른 지역농업협동조합(이하 "지역농협"이라 한다)의 조합원의 자격요건인 농업인의 범위는 다음 각 호와 같다. <개정 2013. 3. 23., 2017. 12. 26., 2019. 7. 2.>
1. 1천제곱미터 이상의 농지를 경영하거나 경작하는 자
2. 1년 중 90일 이상 농업에 종사하는 자
3. 누에씨 0.5상자[2만립(粒) 기준상자]분 이상의 누에를 사육하는 자
4. 별표 1에 따른 기준 이상의 가축을 사육하는 자와 그 밖에 「축산법」 제2조제1호에 따른 가축으로서 농림축산식품부장관이 정하여 고시하는 기준 이상을 사육하는 자
5. 농지에서 330제곱미터 이상의 시설을 설치하고 원예작물을 재배하는 자
6. 660제곱미터 이상의 농지에서 채소·과수 또는 화훼를 재배하는 자

② 지역농협의 이사회는 제1항에도 불구하고 제1항 각 호의 자가 다음 각 호의 어느 하나에 해당하는 경우 조합원의 자격요건인 농업인으로 인정할 수 있다. 이 경우 그 인정 기간은 다음 각 호의 사유가 발생한 날부터 1년을 초과할 수 없다. <신설 2017. 12. 26.>
1. 제1항제1호 또는 제3호부터 제6호까지의 규정에 따른 농지 또는 농업·축산업 경영에 사용되는 토지·건물 등의 수용이나 일시적인 매매로 제1항제1호 또는 제3호부터 제6호까지의 요건을 갖추지 못하게 된 경우
2. 제1항제3호 또는 제4호에 따른 누에나 가축의 일시적인 매매 또는 「가축전염병 예방법」 제20조에 따른 가축의 살처분으로 제1항제3호 또는 제4호의 요건을 갖추지 못하게 된 경우
3. 그 밖에 천재지변 등 불가피한 사유로 제1항 각 호의 요건을 일시적으로 충족하지 못하게 된 경우

③ 제1항 및 제2항에 해당하는지를 확인하는 방법·기준 등에 관하여 필요한 사항은 농림축산식품부장관이 정하여 고시한다. <개정 2013. 3. 23., 2017. 12. 26.>
[전문개정 2009. 12. 11.]

제5조의4(실질적인 경쟁관계에 있는 사업의 범위) ① 법 제52조제5항(법 제107조, 제112조, 제112조의11 및 제161조에서 준용하는 경우를 포함한다)에 따른 실질적인 경쟁관계에 있는 사업의 범위는 별표 2의 사업으로 하되, 해당 조합, 법 제112조의3에 따른 조합공동사업법인 및 중앙회가 수행하고 있는 사업에 해당하는 경우로 한정한다. <개정 2015. 6. 30.>
② 제1항에도 불구하고 조합·조합공동사업법인 및 중앙회가 사업을 위하여 출자한 법인이 수행하고 있는 사업은 실질적인 경쟁관계에 있는 사업으로 보지 아니한다.
[본조신설 2009. 12. 11.]
[제5조의3에서 이동 <2017. 12. 26.>]

제10조(지역축산업협동조합의 조합원의 자격) ① 법 제105조제2항에 따른 지역축산업협동조합의 조합원의 자격요건인 축산업을 경영하는 농업인의 범위는 다음 각 호와 같다. <개정 2013. 3. 23., 2017. 12. 26.>
 1. 별표 3에 따른 기준 이상의 가축을 사육하는 사람
 2. 그 밖에 「축산법」 제2조제1호에 따른 가축으로서 농림축산식품부장관이 정하여 고시하는 기준 이상을 사육하는 사람
② 지역축산업협동조합의 이사회는 제1항에도 불구하고 제1항 각 호의 사람이 다음 각 호의 어느 하나에 해당하는 경우 조합원의 자격요건인 축산업을 경영하는 농업인으로 인정할 수 있다. 이 경우 그 인정 기간은 다음 각 호의 사유가 발생한 날부터 1년을 초과할 수 없다. <신설 2017. 12. 26.>
 1. 제1항제1호 또는 제2호에 따른 축산업 경영에 사용되는 토지·건물 등의 수용이나 일시적인 매매로 제1항제1호 또는 제2호의 요건을 갖추지 못하게 된 경우
 2. 제1항제1호 또는 제2호에 따른 가축의 일시적인 매매 또는 「가축전염병 예방법」 제20조에 따른 가축의 살처분으로 제1항제1호 또는 제2호의 요건을 갖추지 못하게 된 경우
 3. 그 밖에 천재지변 등 불가피한 사유로 제1항제1호 또는 제2호의 요건을 일시적으로 충족하지 못하게 된 경우
③ 제1항 및 제2항에 해당하는지를 확인하는 방법·기준 등에 관한 사항은 농림축산식품부장관이 정하여 고시한다. <신설 2017. 12. 26.>
[전문개정 2009. 12. 11.]

제11조(품목조합의 가축사육업의 범위) 법 제108조에서 "대통령령으로 정하는 가축사육업"이란 다음 각 호와 같다.
 1. 양봉업
 2. 토끼사육업
 3. 사슴사육업
 4. 염소사육업
 5. 개사육업
 6. 모피가축사육업
 7. 말사육업
 8. 오리사육업
[전문개정 2009. 12. 11.]

■ 농업협동조합법 시행령 [별표 1] <개정 2009.12.11>

지역농업협동조합 조합원의 가축사육기준(제4조제1항제4호 관련)

구분	가축의 종류	사육기준
대가축	소, 말, 노새, 당나귀	2마리
중가축	돼지(젖 먹는 새끼돼지는 제외한다), 염소, 면양, 사슴, 개	5마리(개의 경우는 20마리)
소가축	토끼	50마리
가금	닭, 오리, 칠면조, 거위	100마리
기타	꿀벌	10군

■ 농업협동조합법 시행령 [별표 2] <개정 2017. 12. 26.>

실질적인 경쟁관계에 있는 사업의 범위(제5조의4제1항 관련)

1. 「금융위원회의 설치 등에 관한 법률」에 따른 검사대상기관이 수행하는 사업
2. 「수산업협동조합법」에 따른 지구별수산업협동조합, 업종별수산업협동조합 및 수산물가공수산업협동조합이 수행하는 사업
3. 「산림조합법」에 따른 지역산림조합, 품목별·업종별산림조합 및 산림조합중앙회가 수행하는 사업
4. 「새마을금고법」에 따른 금고 및 새마을금고연합회가 수행하는 사업
5. 「우체국 예금·보험에 관한 법률」에 따른 체신관서가 수행하는 사업
6. 「보험업법」에 따른 보험대리점·보험설계사 및 보험중개사가 수행하는 사업
7. 「대부업의 등록 및 금융이용자 보호에 관한 법률」에 따른 대부업, 대부중개업 및 그 협회가 수행하는 사업
8. 「비료관리법」에 따른 비료업
9. 「농약관리법」에 따른 농약판매업
10. 「조세특례제한법」에 따라 부가가치세 영세율이 적용되는 농업용·축산업용 기자재를 농업인에게 직접 공급하는 자가 수행하는 사업
11. 「석유 및 석유대체연료 사업법」에 따른 석유판매업
12. 「사료관리법」에 따른 사료의 제조업 및 판매업
13. 「종자산업법」에 따른 종자업
14. 「양곡관리법」에 따른 양곡매매업 및 양곡가공업
15. 「축산물위생관리법」에 따라 영업의 허가를 받은 자 또는 신고한 자가 수행하는 사업
16. 「인삼산업법」에 따른 인삼류제조업
17. 「장사 등에 관한 법률」에 따른 장례식장영업
18. 그 밖에 이사회가 조합, 조합공동사업법인 및 중앙회가 수행하는 사업과 실질적 경쟁관계에 있다고 인정한 자가 수행하는 사업

■ 농업협동조합법 시행령 [별표 3]
<개정 2022. 4. 12.>

지역축산산업협동조합 조합원의 가축사육기준(제10조제1항제1호 관련)

가축의 종류	사육기준	가축의 종류	사육기준
소	2마리	산란계	500마리
착유우	1마리	오리	200마리
돼지	10마리	꿀벌	10군
양	20마리	염소	20마리
사슴	5마리	개	20마리
토끼	100마리	메추리	1,000마리
육계	1,000마리	말	2마리

비고: 돼지의 경우 젖 먹는 새끼돼지는 제외한다.

Ⅲ. 농업협동조합법시행규칙[시행 2017. 12. 28.] [농림축산식품부령 제303호, 2017. 12. 28., 일부개정]

* 지면관계상 내용 생략(별도 참조 요망)

Ⅳ. 조합정관례

* 농림축산식품부 홈페이지(https://www.mafra.go.kr)
  참조(국민소통>법령정보>훈령·예규·고시>고시)

 [소관 : 농림축산식품부(농업금융정책과), 044-201-1755]

* 농협중앙회 홈페이지(https://www.nonghyup.com)도 참조(농협소개>일반현황>관계법령 및 정관)

1. 지역농업협동조합정관례[시행 2018. 6. 11.] [농림축산식품부고시 제2018-44호, 2018. 6. 11., 일부개정]

제9조(조합원) ① 우리 조합의 조합원은 다음 각 호의 어느 하나에 해당하는 자로 한다.
1. 조합의 구역에 주소, 거소나 사업장이 있는 자로서 농업협동조합법(이하 "법"이라 한다) 제19조제4항에 따른 농업인의 범위에 해당하는 자
2. 「농어업경영체 육성 및 지원에 관한 법률」 제16조와 제19조에 따른 영농조합법인 및 농업회사법인으로서 그 주된 사무소를 조합의 구역에 두고 농업을 경영하는 법인
3. 조합의 구역의 전부 또는 일부를 당해 조합의 구역에 포함하고 있는 품목조합
(비고) 제3호는 특별시 또는 광역시의 자치구를 구역으로 하는 조합의 경우에만 규정함
② 조합원은 다른 지역농협의 조합원으로 가입할 수 없다.

제54조(임원의 선출) ① <제1례> 조합장을 총회 또는 총회외에서 투표로 직접 선출하는 경우
조합장은 조합원중에서 조합원이 총회 또는 총회외에서 투표로 직접 선출한다.
<제2례> 조합장을 대의원회에서 선출하는 경우
조합장은 조합원중에서 대의원회에서 선출한다.
<제3례> 조합장을 이사회에서 선출하는 경우
조합장은 조합원인 이사중에서 이사회가 선출한다.
② 조합장외의 임원은 총회에서 선출한다. 다만, 상임이사 및 상임감사는 다음 각호의 인원으로 구성되는 인사추천위원회에서 추천된 사람을 총회에서 선출한다. 이 경우 인사추천위원회의 의장은 조합장으로 하며, 구성원 과반수의 찬성으로 추천대상자를 결정한다.
1. 조합장 1명
2. 이사회가 정하는 비상임이사 3명

3. 조합장이 정하는 학식과 경험이 풍부한 외부인사 1명
4. 이사회가 정하는 대의원 2명
(비고) 1. 상임이사는 두되, 상임감사는 두지 아니하는 경우에는 본 항 단서 중 "상임이사 및 상임감사는"을 "상임이사는"으로 규정함
(비고) 2. 상임이사는 두지 아니하되, 상임감사는 두는 경우에는 본 항 단서 중 "상임이사 및 상임감사는"을 "상임감사는"으로 규정함
(비고) 3. 상임이사와 상임감사를 모두 두지 아니하는 경우에는 본 항을 다음과 같이 규정함
② 조합장외의 임원은 총회에서 선출한다.
③ 인사추천위원회의 구성·운영에 관하여 필요한 사항은 규정으로 정한다.
(비고) 제3항은 상임이사 또는 상임감사를 두는 조합의 경우에만 규정함
④ 다음 각 호의 어느 하나에 해당하는 사람은 당선인의 당선무효로 실시사유가 확정된 재선거 (당선인이 그 기소 후 확정판결 전에 사직함으로 인하여 실시사유가 확정된 보궐선거를 포함한다)의 후보자가 될 수 없다.
1. 법 제173조제1항제2호 또는 「공공단체등 위탁선거에 관한 법률」 제70조(위탁선거범죄로 인한 당선무효)제2호에 따라 당선이 무효로 된 사람(그 기소 후 확정판결 전에 사직한 사람을 포함한다)
2. 당선되지 아니한 사람(후보자가 되려던 사람을 포함한다)으로서 법 제173조제1항제2호 또는 「공공단체등 위탁선거에 관한 법률」 제70조(위탁선거범죄로 인한 당선무효)제2호에 따른 직계 존속·비속이나 배우자의 죄로 당선무효에 해당하는 형이 확정된 사람

제56조(임원의 결격사유) ① 다음 각호의 어느 하나에 해당하는 사람은 조합의 임원이 될 수 없다. 다만, 제10호와 제12호는 조합원인 임원에게만 적용한다.
1. 대한민국 국민이 아닌 사람
2. 미성년자·피성년후견인 또는 피한정후견인
3. 파산선고를 받고 복권되지 아니한 사람
4. 법원의 판결이나 다른 법률에 따라 자격이 상실되거나 정지된 사람
5. 금고이상의 실형을 선고받고 그 집행이 끝나거나(집행이 끝난 것으로 보는 경우를 포함한다) 집행이 면제된 날부터 3년이 지나지 아니한 사람
6. 법 제164조제1항이나 신용협동조합법 제84조에 규정된 개선(改選) 또는 징계면직의 처분을 받은 날부터 5년이 지나지 아니한 사람
7. 형의 집행유예선고를 받고 그 유예기간 중에 있는 사람
8. 법 제172조 또는 「공공단체등 위탁선거에 관한 법률」 제58조(매수 및 이해유도죄)·제59조(기부행위의 금지·제한 등 위반죄)·제61조(허위사실 공표죄)부터 제66조(각종 제한규정 위반죄) 까지에 규정된 죄를 범하여 벌금 100만원이상의 형을 선고받고 4년이 지나지 아니한 사람

9. 임원선거에서 당선되었으나 법 제173조제1항제1호 또는 「공공단체등 위탁선거에 관한 법률」
   제70조(위탁선거범죄로 인한 당선무효)제1호에 따라 당선이 무효로 된 사람으로서 그 무효가
   확정된 날부터 5년이 지나지 아니한 사람
10. 선거일공고일 현재 조합에 대하여 50좌이상의 납입출자분을 2년이상 계속 보유하고 있지
    아니한 사람
(비고) 1. 출자좌수는 50좌 이상 1천좌이내에서 조합의 실정에 따라 제18조제2항의
    출자좌수이상으로 정한다.
(비고) 2. 본 호의 출자좌수를 변경하는 경우에는 다음과 같은 경과조치규정을 부칙에 두어야 한다.
제○조(임원의 피선거권에 관한 경과조치) ①이 정관 시행일 현재 재직중인 임원은 제56조
    제1항제10호에 따른 자격을 갖춘 것으로 본다.
② 이 정관 시행일부터 2년이내에 선거일이 공고된 경우에는 선거일공고일 현재 종전의 규정에
    따라 필요로 하는 납입출자를 보유하고 있는 자는 선거일공고일 전일까지 미달하는 출자를
    일시에 납입하면 제56조제1항제10호에 따른 출자좌수를 보유한 것으로 본다.
정관개정일 현재 종전의 정관에서 제56조제1항제10호의 출자좌수의 변경에 관련된 경과조치를
    부칙에 규정하고 있는 조합으로서 그 시한이 남아있는 경우에는 그 부칙규정에 의거 임원의
    피선거권에 관한 경과조치를 적용한다.
(비고) 3. 설립 또는 합병조합의 경우에는 다음과 같은 경과조치규정을 부칙에 두어야 한다.
제○조(임원의 피선거권에 관한 경과조치) ①제56조제1항제10호는 조합이 설립등기(합병조합의
    경우는 "합병등기")를 완료한 날부터 2년간은 적용하지 아니한다.
② 제56조제1항제12호는 조합이 설립등기(합병조합의 경우는 "합병등기")를 완료한 날부터
    1년(이용실적 산정기간을 2년으로 하는 경우는 "2년")간은 적용하지 아니한다.
11. 선거일공고일 현재 우리 조합, 중앙회 또는 법 제49조제1항제11호 각 목의 금융기관에 대하여
    5백만원이상의 채무(보증채무를 제외한다)를 6월을 초과하여 연체한 사람
12. ※ 정관개정일 현재 직전 회계연도 기준 제5조제1항제2호가목의 사업을 이용하는 조합원이
    전체 조합원의 100분의 50 이상인 경우에는 반드시 <제2례>를 선택함<제1례>
선거일공고일 현재 우리 조합의 사업이용실적(선거일공고일 현재의 1년 전부터 선거일 공고일
    현재의 전일까지의 기간동안 이용한 금액)이 다음 각 목의 기준금액 중 어느 하나에 해당하지
    아니한 사람
가. 제5조제1항제2호가목 및 나목의 경제사업(우리 조합이 출자한 법 제112조의2에 따른
    조합공동사업법인의 사업 중 법 제112조의8제1호에 따른 상품의 공동판매 사업을 포함한다)을
    이용한 금액 : ( )만원 이상
나. 제5조제1항제3호가목의 신용사업 이용에 따른 예금·적금의 평균잔액 : ( )만원 이상
다. 제5조제1항제3호나목의 신용사업 이용에 따른 대출금의 평균잔액 : ( )만원 이상
라. 제5조제1항제4호의 금융기관보험대리점사업 이용에 따른 수입수수료 : ( )만원 이상

(비고) 1. 사업이용실적 산정기간을 2년으로 하고자 하는 경우 제12호 중 "1년"을 "2년"으로 변경하여야 함
(비고) 2. 제12호의 각 목 중 가목은 반드시 포함시키고, 나목부터 라목까지는 조합의 실정에 따라 일부 또는 전부를 선택하거나, 선택하지 아니할 수 있음. 이 경우 나목부터 라목까지 중 2가지 이상을 선택할 때에는 제12호 본문 중 "다음 각 목의 기준금액 중 어느 하나에 해당하지 아니한 사람"을 "가목의 기준금액에 해당하지 아니하거나 가목을 제외한 각 목의 기준금액의 모두에 해당하지 아니한 사람"으로 하여야 함
(비고) 3. 제12호의 ( )의 금액은 정관개정일 현재 제139조제2항에 따라 결산보고서의 승인을 받은 최근 1회계연도(이용실적 산정기간을 2년으로 하는 경우는 "2회계연도")의 전체 조합원(각 회계연도말 조합원수 기준)의 경제사업 평균이용금액의 100분의 40(특별시 또는 광역시의 자치구를 구역의 전부 또는 일부로 하는 조합은 100분의 20) 이상 평균이용금액 이내, 예금·적금·대출금의 평균잔액 및 평균보험수입수수료의 100분의 20 (특별시 또는 광역시의 자치구를 구역의 전부 또는 일부로 하는 조합은 100분의 30) 이상 평균잔액 및 평균보험수입수수료 이내에서 각각 조합의 실정에 따라 정한다.
(비고) 4. 제12호의 ( )의 금액을 변경하거나 <제2례>를 선택하여 제12호를 변경하는 경우에는 다음과 같은 경과조치규정을 부칙에 두어야 한다.
제○조(결격사유에 관한 경과조치) 이 정관 시행 당시 재임 중인 임원에 대하여는 제56조제1항제12호의 개정규정에도 불구하고 해당 임원의 임기가 만료될 때까지는 종전의 규정에 따른다.
(비고) 5. 제1항에 규정된 사유 외에는 조합에서 추가로 결격사유를 규정할 수 없음

<제2례>
선거일공고일 현재 우리 조합의 사업이용실적(선거일공고일 현재의 1년 전부터 선거일공고일 현재의 전일까지의 기간 동안 이용한 금액)이 다음 각 목의 기준금액 중 어느 하나에 해당하지 아니한 사람
가. 제5조제1항제2호가목의 경제사업(우리 조합이 출자한 법 제112조의2에 따른 조합공동사업법인의 사업 중 법 제112조의8제1호에 따른 상품의 공동판매 사업을 포함한다)을 이용한 금액 : ( )만원 이상
나. 제5조제1항제2호나목의 경제사업을 이용한 금액 : ( )만원 이상
다. 제5조제1항제3호가목의 신용사업 이용에 따른 예금·적금의 평균잔액 : ( )만원 이상
라. 제5조제1항제3호나목의 신용사업 이용에 따른 대출금의 평균잔액 : ( )만원 이상
마. 제5조제1항제4호의 금융기관보험대리점사업 이용에 따른 수입수수료 : ( )만원 이상
(비고) 1. 사업이용실적 산정기간을 2년으로 하고자 하는 경우 제12호 중 "1년"을 "2년"으로 변경하여야 함
(비고) 2. 제12호의 각 목 중 가목 및 나목은 반드시 포함시키고, 다목부터 마목까지는 조합의

실정에 따라 일부 또는 전부를 선택하거나, 선택하지 아니할 수 있음. 이 경우 다목부터 마목까지 중 2가지 이상을 선택할 때에는 제12호 본문 중 "다음 각 목의 기준금액 중 어느 하나에 해당하지 아니한 사람"을 "가목 또는 나목의 기준금액 중 어느 하나에 해당하지 아니하거나 가목 및 나목을 제외한 각 목의 기준금액의 모두에 해당하지 아니한 사람"으로 하여야 함

(비고) 3. 제12호의 ( )의 금액은 정관개정일 현재 제139조제2항에 따라 결산보고서의 승인을 받은 최근 1회계연도(이용실적 산정기간을 2년으로 하는 경우는 "2회계연도")의 전체 조합원(각 회계연도말 조합원수 기준)의 판매사업 평균이용금액의 100분의 10 이상 평균이용금액의 100분의 50 이내, 구매사업 평균이용금액의 100분의 40(특별시 또는 광역시의 자치구를 구역의 전부 또는 일부로 하는 조합은 100분의 20) 이상 평균이용금액 이내, 예금·적금·대출금의 평균잔액 및 평균보험수입수수료의 100분의 20 (특별시 또는 광역시의 자치구를 구역의 전부 또는 일부로 하는 조합은 100분의 30) 이상 평균잔액 및 평균보험수입수수료 이내에서 각각 조합의 실정에 따라 정함

(비고) 4. 제12호의 ( )의 금액을 변경하거나 <제1례>를 선택하여 제12호를 변경하는 경우에는 다음과 같은 경과조치규정을 부칙에 두어야 함

제○조(결격사유에 관한 경과조치) 이 정관 시행 당시 재임 중인 임원에 대하여는 제56조제1항제12호의 개정규정에도 불구하고 해당 임원의 임기가 만료될 때까지는 종전의 규정에 따른다.

(비고) 5. <제2례>를 선택하여 제12호를 변경하는 경우 제56조제1항제12호의 사업이용실적 기준금액에도 불구하고 정관 시행일부터 1년간 제12호가목의 기준금액을 (비고)3.에 따른 기준금액 미만으로 적용하고자 할 때에는 다음과 같은 경과조치를 부칙에 두어야 함

제○조(임원결격사유 중 사업이용실적에 관한 적용례) 이 정관 시행일부터 1년까지는 제56조제1항제12호가목의 기준금액에도 불구하고 이를 다음과 같이 한다.

가. 제5조제1항제2호가목의 경제사업(우리 조합이 출자한 법 제112조의2에 따른 조합공동사업법인의 사업 중 법 제112조의8제1호에 따른 상품의 공동판매 사업을 포함한다)을 이용한 금액 : ( )만원 이상

(비고) 6. 제1항에 규정된 사유 외에는 조합에서 추가로 결격사유를 규정할 수 없음

② 제1항 각호 사유가 발생하면 해당 임원은 당연히 퇴직된다. 이 경우 제1항제10호부터 제12호까지를 적용함에 있어서는 "선거일공고일 현재"를 "현재"로 한다.

③ 제2항에 따라 퇴직한 임원이 퇴직전에 관여한 행위는 그 효력을 상실하지 아니한다.

제62조(선거인) ① 선거인이란 선거권이 있는 자로서 선거인명부에 올라있는 자를 말한다.

② 조합은 선거일공고일 다음날부터 5일이내에 선거일공고일 현재 조합원명부를 기준으로 선거인 명부를 작성하여야 한다. 다만, 임원의 임기만료일(보궐선거 등의 경우 그 선거의 실시사유가 확정된 날)전 180일 후 조합원으로 가입한 자는 제외한다.

③ 선거인명부는 선거인명부작성기간만료일의 다음날부터 선거일전일까지 열람할 수 있다.

④ 선거인은 선거인명부에 누락 또는 오기가 있거나 자격이 없는 선거인이 올라 있다고 인정되면 선거인명부 열람기간 내에 구술 또는 서면으로 선거관리위원회(조합원이 직접 선출하거나 대의원회 에서 선출하는 조합장선거의 경우에는 조합장)에 이의를 신청할 수 있다.

⑤ 제4항의 이의신청이 있는 때에는 선거관리위원회(조합원이 직접 선출하거나 대의원회에서 선출하는 조합장선거의 경우에는 조합장)는 지체없이(조합원이 직접 선출하거나 대의원회에서 선출하는 조합장선거의 경우에는 이의신청을 받은 날의 다음 날까지) 심사·결정하되, 그 신청에 이유가 있다고 결정한 때에는 즉시 선거인명부를 정정하고 신청인(조합원이 직접 선출하거나 대의원회에서 선출하는 조합장선거의 경우에는 제65조제5항에 따른 관할위원회·신청인·관계인)에게 통지 하여야 하며, 이유가 없다고 결정한 때에는 그 뜻을 신청인에게 통지하여야 한다.

제63조(선거권) ① 선거권은 임원의 임기만료일(보궐선거 등의 경우 그 선거의 실시사유가 확정된 날)전 180일까지 조합원으로 가입한 자만 행사할 수 있다.

② 선거인은 다른 사람으로 하여금 선거권을 대리하여 행사하게 할 수 없다.

제64조(대의원회에서 선출하는 경우의 선거인등) ① 선거인은 대의원명부에 등재된 자로 하며, 대의원회 에서 선출하는 조합장선거의 경우 조합은 선거일공고일 다음날부터 5일이내에 대의원명부를 작성 하여야 한다.

② 선거인은 선거일전일까지 대의원명부를 열람할 수 있다.

③ 선거일전일까지 대의원명부에 변동이 있는 경우에는 이를 수정하여야 한다.

④ 선거인은 선거권을 대리하여 행사하게 할 수 없다. 다만, 조합장이 제52조제2항 및 제3항에 따라 직무를 수행할 수 없는 때에는 그 직무대행자가 선거권을 가진다.

⑤ 선거에 입후보하는 대의원(조합장을 포함한다)은 당해 선거에서 선거권을 행사할 수 없다.

제65조(선거일) ① 임원의 임기만료로 인한 선거는 임원의 임기만료일전 40일부터 15일까지 실시하되 선거일은 이사회에서 정한다. 다만, 대의원회에서 선출하는 임원의 임기가 당해연도 결산기의 최종월 이후 다음해 3월까지의 기간 중에 만료하는 경우에는 정기대의원회일을 선거일로 정할 수 있다.

② 재선거 및 보궐선거는 그 사유가 발생한 날부터 30일 이내에 실시하되, 선거일은 이사회가 정한다.

③ 천재지변 기타 불가피한 사유로 선거일에 선거가 불가능한 경우에는 이사회가 선거일을 다시 정한다.

④ 제1항 및 제2항에 따른 선거의 경우 다음 각 호의 어느 하나에 해당되는 때에는 이사회의 의결에 따라 당해 선거를 실시하지 아니할 수 있다. 다만, 다음 각 호에 해당되지 아니하게 된 때에는 지체 없이 이사회 의결로 선거일을 지정하여 30일 이내에 당해 선거를 실시하여야 한다.

1. 제150조에 따른 합병의결이 있는 때
2. 다음 각 목의 어느 하나에 해당되어 농림축산식품부장관 또는 중앙회장이 선거를 실시하지

아니하도록 권고한 때
가. 「농업협동조합법」 또는 「농업협동조합의 구조개선에 관한 법률」에 따라 합병권고·요구 또는 명령을 받은 경우
나. 거액의 금융사고, 천재지변 등으로 선거를 실시하기 곤란한 경우
⑤ 조합원이 직접 선출하거나 대의원회에서 선출하는 조합장선거의 선거일은 제1항부터 제4항까지에 따라 선거일로 정할 수 있는 기간내에 조합의 주된 사무소의 소재지를 관할하는 「선거관리 위원회법」에 따른 구?시?군선거관리위원회(세종특별자치시선거관리위원회를 포함한다, 이하 "관할 위원회"라 한다)가 조합과 협의하여 정한다. 다만, 관할위원회의 관할구역에서 공직 선거등이 실시되는 경우 「공공단체등 위탁선거에 관한 법률」이 정하는 기간에는 선거일을 정할 수 없다.
⑥ 제1항 및 제5항에도 불구하고 「농업협동조합법」에 따라 관할위원회에 위탁하여 동시에 실시하는 임기만료에 따른 조합장선거(이하 "동시조합장선거"라 한다)의 선거일은 그 임기가 만료되는 해당 연도 3월 중 두 번째 수요일로 한다.

제66조(선거관리위원회의 설치) ① 임원선거사무를 관리하기 위하여 조합에 선거관리위원회 (이하 "위원회"라 한다)를 둔다.
② 위원회는 이사회가 조합원(임직원은 제외한다)과 선거의 경험이 풍부한 자중에서 위촉 하는 ○○ 명의 선거관리위원(이하 "위원"이라 한다)으로 구성한다.
(비고) 위원수는 7명 이상 15명 이내에서 조합의 실정에 따라 정한다.
③ 위원의 위촉기간은 위촉일부터 2년간으로 하되 조합원중에서 위촉된 위원의 경우 조합원자격을 상실한 때에는 위원의 직을 상실한다. 다만, 선거일공고일 이후 임기가 만료된 때에는 당해 선거가 종료될 때까지 그 임기가 연장된다.
④ 위원회에 위원장과 부위원장 각 1명을 두되, 위원중에서 호선한다.
⑤ 임원후보자는 위원이 될 수 없다.
⑥ 위원장은 위원회를 대표하고 위원회를 소집하여 이를 주재하며, 부위원장은 위원장을 보좌하고 위원장이 부득이한 사유로 직무를 수행할 수 없는 때에는 위원장의 직무를 대행한다.
⑦ 위원은 위원장이 지정하는 바에 따라 선거관리·투표관리 및 개표관리사무를 분장 처리한다.
⑧ 위원장은 중요한 사항에 대하여는 위원회에 부의하여 처리하여야 하며, 위원회는 구성원 과반수의 출석으로 개의하고 출석자 과반수의 찬성으로 의결한다.
⑨ 위원이 궐원된 때에는 이사회가 이를 보충하되, 위촉기간은 전임자의 잔여기간으로 한다. 다만, 선거기간 중 궐원위원의 수가 2명 이내인 때에는 위원장이 위원회의 협의를 거쳐 궐원위원을 보충 하고 그 사실을 다음 이사회에 보고한다.
⑩ 삭제
⑪ 이사회는 위원이 제67조제5항을 현저히 위반하였다고 판단하는 경우에는 해촉할 수 있다.
⑫ 제1항에 불구하고 조합장을 조합원이 직접 선출하거나 대의원회에서 선출하는 경우에 선거

사무의 관리는 조합장의 임기만료일전 180일(재선거, 보궐선거 및 제65조제4항 단서규정에 의한 선거에 있어서는 선거의 실시사유가 확정된 날부터 5일)까지 조합의 주된 사무소의 소재지를 관할 하는 관할위원회에 위탁하여야 한다. 다만, 동시조합장선거에서는 임기만료일 전 180일에 별도의 신청 없이 위탁한 것으로 본다.

제67조(위원회의 직무) ① 위원회는 다음 각 호의 사무를 관장한다.
1. 임원후보자의 자격심사
2. 선거인명부의 확정
3. 선거인자격 이의신청에 대한 판정
4. 선거관련 분쟁조정
5. 선거운동방법에 대한 위반여부의 조사 및 심사
6. 위반사례 발생시 이에 대한 경고 및 기한을 정한 시정요구, 고발 등 필요한 조치
7. 제6호에 위반한 경우 그 사실의 게시
8. 투표의 유효·무효에 관한 이의에 대한 판정
9. 선거관리·투표관리 및 개표관리에 관한 사항
10. 투표소 및 개표소 설치에 관한 사항
11. 투표소 및 개표소의 질서유지에 관한 사항
12. 선거홍보 및 선거운동계도에 관한 사항
13. 기타 위원장이 필요하다고 인정하는 사항

② 위원회에 간사를 두되, 위원장이 조합의 직원중에서 위촉하며, 간사는 위원장을 보좌하여 위원회의 사무를 처리한다.
③ 위원장은 선거기간 중 조합의 직원중에서 종사원을 위촉하며, 종사원은 위원장이 정하는 바에 따라 선거관리사무에 종사한다.
④ 위원회는 의사의 진행상황 및 그 결과를 적은 의사록을 작성하고, 참석위원이 기명날인하여야 한다.
⑤ 위원·간사 및 종사원은 선거관리사무를 행함에 있어 공정을 기하여야 한다.

제68조(선거사무의 협조 등) ① 조합은 위원회의 선거사무에 관하여 적극적으로 협력하여야 한다.
② 조합은 위원에 대하여 위원회 참석에 따른 실비를 지급할 수 있다.

제2장 조합장 선거

제1절 조합원이 직접 선출하는 경우

제69조(피선거권) ① 다음 각 호의 어느 하나에 해당하는 사람은 피선거권이 없다.
1. 제56조제1항의 결격사유에 해당하는 사람. 다만, 제56조제1항제10호부터 제12호까지를 제외한 결격사유의 기준일은 임기개시일로 한다.
2. 조합장임기만료일 현재 우리조합·다른조합·품목조합연합회(이하 "연합회"라 한다)·중앙회·농협경제지주회사·농협금융지주회사·농협은행·농협생명보험·농협손해보험의

직원·상임이사·상임감사(중앙회의 경우 상임감사위원장을 말한다), 우리조합
자회사(공동사업법인을 포함 한다. 이하 이 편에서 같다)의 상근임직원, 다른조합의 조합장,
연합회의 회장, 중앙회의 회장 또는 공무원(선거에 따라 취임하는 공무원을 제외한다)의 직을
사직한 지 90일을 경과하지 아니한 자. 다만, 조합장이 임기만료외의 사유로 궐위된 때와
제65조제4항 단서에 따라 선거를 실시하는 때에는 후보자등록일전일까지 사직하지 아니한 사람
3. 후보자등록일전일까지 우리조합의 비상임이사·비상임감사 또는 자회사의 비상근임원의 직을
 사직하지 아니한 사람
4. 후보자등록일전일까지 법 제52조제4항에서 정한 경업관계를 해소하지 아니한 사람
② 제1항제2호 및 제3호의 적용에 있어서는 조합 또는 그 소속기관의 장에게 사직원이 접수된 때에
 사직한 것으로 본다.

제70조 삭제

제71조(선거공고) 관할위원회는 선거일전 20일에 다음의 사항을 공고하여야 한다.
1. 선거하여야 할 임원
2. 선거인
3. 선거일
4. 피선거권자
5. 후보자등록접수장소
6. 후보자등록기간
7. 투표개시시각 및 종료시각
8. 투표소 및 개표소의 위치
9. 선거인명부 열람장소와 기간
10. 기타 필요한 사항

제72조(선거인명부 작성 및 열람) ① 조합은 선거인명부를 작성한 때에는 즉시 그 등본(전산자료
 복사본을 포함한다. 이하 이 조에서 같다) 1통을, 선거인명부가 확정된 때에는 지체 없이 확정된
 선거인명부 등본 1통을 각각 관할위원회에 송부하여야 한다. 이 경우 둘 이상의 투표소를 설치
 하는 경우에는 투표소별로 분철하여 선거인명부를 작성·확정하여야 한다.
② 제1항에도 불구하고 동시조합장선거를 실시하는 경우 조합은 중앙선거관리위원회규칙으로
 정하는 구역단위로 선거인명부를 작성·확정하여야 하며, 중앙선거관리위원회는 확정된
 선거인명부의 전산 자료 복사본을 해당 조합으로부터 제출받아 전산조직을 이용하여 하나의
 선거인명부를 작성한 후 투표소에서 사용하게 할 수 있다.
③ 선거인명부는 제62조제3항에 불구하고 선거인명부작성기간만료일의 다음날부터 선거일전
 11일 까지 열람할 수 있다.
④ 선거인명부는 선거일전 10일에 확정된다.

제73조(후보자등록기간) ① 후보자등록기간은 선거기간(선거일전 13일부터 선거일까지, 이하 같다)

개시일 전 2일부터 2일간(공휴일을 포함한다)으로 한다.

② 삭제

③ 「공공단체등 위탁선거에 관한 법률」 제54조에 따라 동시선거를 실시하는 경우 제1항의 등록 기간내에 후보자등록이 없을 때에는 등록기간을 연장할 수 있다. 이 경우 이를 즉시 공고하여야 한다.

제74조(후보자등록신청) 후보자가 되고자 하는 자는 후보등록마감시각까지 별표의 구비서류를 갖추어 본인이 직접 관할위원회에 등록신청하여야 하며, 조합원이 직접 선출하거나 대의원회에서 선출하는 조합장선거의 경우에는 제76조의2제1항에서 정하는 기탁금을 납부하여야 한다. 다만, 질병·사고 등 본인이 직접 접수할 수 없는 부득이한 경우에는 관할위원회가 본인의 의사를 확인하고 접수할 수 있다.

제75조(등록심사 및 접수) ① 관할위원회는 제74조에 따른 후보자등록신청이 있는 때에는 이를 수리하되, 자격이 없거나 제76조의2제1항에 따른 기탁금(조합원이 직접 선출하거나 대의원회에서 선출하는 조합장선거의 경우에 한함) 및 별표 중 피선거권에 관한 증명서류를 갖추지 아니한 등록신청은 수리하지 아니한다.

② 관할위원회는 후보자등록 마감 즉시 후보자 전원에 대하여 신원조회 등을 거쳐 후보자의 자격을 확인하여야 한다.

③ 제2항에 따라 조합이 그 조사를 의뢰받은 경우에는 지체없이 그 사실을 확인하여 회보하여야 한다.

④ 후보자등록신청서의 접수시간은 공휴일에 불구하고 매일 오전 9시부터 오후 6시까지로 한다.

⑤ 관할위원회는 등록마감일 다음날에 후보자 등록사항을 공고한다.

제76조(등록무효 등) ① 후보자등록 후에 후보자의 피선거권이 없는 것이 발견된 때에는 후보자등록을 무효로 하고, 당해 후보자에게 그 사유를 밝혀 지체없이 이를 통보한다.

② 후보자가 사퇴하고자 하는 경우에는 본인이 직접 관할위원회에 서면으로 신고하여야 한다.

③ 관할위원회는 후보자가 사퇴·사망하거나 등록이 무효로 된 경우에는 이를 지체없이 공고한다.

제76조의2(기탁금) ① 후보자등록을 신청하는 자는 등록신청시 만원의 기탁금을 관할위원회에 납부하여야 한다.

(비고) 기탁금은 500만원 이상 1천만원 이내에서 조합의 실정에 따라 정함

② 관할위원회는 다음 각 호 금액을 선거일 후 30일 이내에 기탁자에게 반환하고, 반환하지 아니하는 기탁금은 우리조합에 귀속한다. 이 경우 기탁금 반환은 1차 투표 결과에 따른다.

1. 후보자가 당선되거나 사망한 경우와 유효투표총수의 100분의 15 이상을 득표한 경우에는 기탁금 전액

2. 후보자가 유효투표총수의 100분의 10 이상 100분의 15 미만을 득표한 경우에는 기탁금의 100분의 50에 해당하는 금액

③ 관할위원회는 제2항에 따라 반환하지 아니하는 기탁금을 선거일 후 30일 이내에 우리조합에 반

환한다.

제77조(선거운동의 정의) 이 정관에서 "선거운동"이란 당선되거나 되게 하거나 되지 못하게 하기 위한 행위를 말한다. 다만, 다음 각 호의 어느 하나에 해당하는 행위는 선거운동으로 보지 아니한다.
1. 선거에 관한 단순한 의견개진 및 의사표시
2. 입후보와 선거운동을 위한 준비행위

제77조의2(선거운동의 주체·기간·방법) ① 후보자가 제77조의3부터 제77조의8까지의 규정에 따라 선거운동을 하는 경우를 제외하고는 누구든지 어떠한 방법으로도 선거운동을 할 수 없다.
② 선거운동은 후보자등록마감일의 다음 날부터 선거일 전일까지에 한정하여 할 수 있다.

제77조의3(선거공보) ① 후보자는 선거운동을 위하여 선거공보 1종을 작성할 수 있다. 이 경우 후보자는 선거인명부확정일 전일까지 관할위원회에 선거공보를 제출하여야 한다.
② 관할위원회는 제1항에 따라 제출된 선거공보를 선거인명부확정일 후 2일까지 제80조에 따른 투표안내문과 동봉하여 선거인에게 발송하여야 한다.
③ 후보자가 제1항 후단에 따른 기한까지 선거공보를 제출하지 아니하거나 규격을 넘는 선거공보를 제출한 때에는 그 선거공보는 발송하지 아니한다.
④ 제출된 선거공보는 정정 또는 철회할 수 없다. 다만, 오기나 「공공단체등 위탁선거에 관한 법률」에 위반되는 내용이 게재되었을 경우에는 제출마감일까지 해당 후보자가 정정할 수 있다.
⑤ 선거인은 선거공보의 내용 중 경력·학력·학위·상벌에 관하여 거짓으로 게재되어 있음을 이유로 이의제기를 하는 때에는 관할위원회에 서면으로 하여야 하고, 이의제기를 받은 관할위원회는 후보자와 이의제기자에게 그 증명서류의 제출을 요구할 수 있으며, 그 증명서류의 제출이 없거나 거짓 사실임이 판명된 때에는 그 사실을 공고하여야 한다.
⑥ 관할위원회는 제5항에 따라 허위게재사실을 공고한 때에는 그 공고문 사본 1매를 선거일에 투표소의 입구에 첨부하여야 한다.
⑦ 선거공보의 작성수량·규격·면수·제출, 그 밖에 필요한 사항은 중앙선거관리위원회규칙에 따른다.

제77조의4(선거벽보) ① 후보자는 선거운동을 위하여 선거벽보 1종을 작성할 수 있다. 이 경우 후보자는 선거인명부확정일 전일까지 관할위원회에 선거벽보를 제출하여야 한다.
② 관할위원회는 제1항에 따라 제출된 선거벽보를 제출마감일 후 2일까지 해당 위탁단체의 주된 사무소와 지사무소의 건물 또는 게시판에 첨부하여야 한다.
③ 제77조의3 제3항부터 제6항까지의 규정은 선거벽보에 이를 준용한다. 이 경우 "선거공보"는 "선거벽보"로, "발송"은 "첨부"로, "규격을 넘는"은 "규격을 넘거나 미달하는"으로 본다.
④ 선거벽보의 작성수량·첨부수량·규격·제출, 그 밖에 필요한 사항은 중앙선거관리위원회규칙에 따른다.

제77조의5(어깨띠·윗옷·소품) 후보자는 선거운동기간 중 어깨띠나 윗옷(上衣)을 착용하거나

소품을 이용하여 선거운동을 할 수 있다.

제77조의6(전화를 이용한 선거운동) 후보자는 선거운동기간 중 다음 각 호의 어느 하나에 해당하는 방법으로 선거운동을 할 수 있다. 다만, 오후 10시부터 다음 날 오전 7시까지는 그러하지 아니하다.
1. 전화를 이용하여 송화자·수화자 간 직접 통화하는 방법
2. 문자(문자 외의 음성·화상·동영상 등은 제외한다)메시지를 전송하는 방법

제77조의7(정보통신망을 이용한 선거운동) 후보자는 선거운동기간 중 다음 각 호의 어느 하나에 해당하는 방법으로 선거운동을 할 수 있다.
1. 조합이 개설·운영하는 인터넷 홈페이지의 게시판·대화방 등에 글이나 동영상 등을 게시하는 방법
2. 전자우편(컴퓨터 이용자끼리 네트워크를 통하여 문자·음성·화상 또는 동영상 등의 정보를 주고받는 통신시스템을 말한다)을 전송하는 방법

제77조의8(명함을 이용한 선거운동) 후보자는 선거운동기간 중 다수인이 왕래하거나 집합하는 공개된 장소에서 길이 9센티미터 너비 5센티미터 이내의 선거운동을 위한 명함을 선거인에게 직접 주거나 지지를 호소하는 방법으로 선거운동을 할 수 있다. 다만, 중앙선거관리위원회규칙으로 정하는 장소에서는 그러하지 아니하다.

제77조의9(지위를 이용한 선거운동금지 등) 조합의 임직원은 다음 각 호의 어느 하나에 해당하는 행위를 할 수 없다.
1. 지위를 이용하여 선거운동을 하는 행위
2. 지위를 이용하여 선거운동의 기획에 참여하거나 그 기획의 실시에 관여하는 행위
3. 후보자(후보자가 되려는 사람을 포함한다)에 대한 선거권자의 지지도를 조사하거나 이를 발표하는 행위

제77조의10(매수 및 이해유도금지 등) 선거운동을 목적으로 다음 각 호의 어느 하나에 해당하는 행위를 할 수 없다.
1. 선거인(선거인명부를 작성하기 전에는 그 선거인명부에 오를 자격이 있는 자를 포함한다. 이하 이 조에서 같다)이나 그 가족(선거인의 배우자, 선거인 또는 그 배우자의 직계존비속과 형제자매, 선거인의 직계존비속 및 형제자매의 배우자를 말한다. 이하 이 절에서 같다) 또는 선거인이나 그 가족이 설립·운영하고 있는 기관·단체·시설에 대하여 금전·물품·향응이나 그 밖의 재산상 이익이나 공사(公私)의 직을 제공하거나 그 제공의 의사를 표시하거나 그 제공을 약속하는 행위
2. 후보자가 되지 아니하도록 하거나 후보자가 된 것을 사퇴하게 할 목적으로 후보자가 되려는 사람이나 후보자에게 제1호에 규정된 이익이나 직을 제공하거나 그 제공의 의사를 표시하거나 그 제공을 약속하는 행위
3. 제1호 또는 제2호에 규정된 이익이나 직을 제공받거나 그 제공의 의사표시를 승낙하는 행위
4. 제1호부터 제3호까지에 규정된 행위에 관하여 지시·권유·알선하거나 요구하는 행위

5. 후보자등록개시일부터 선거일까지 포장된 선물 또는 돈봉투 등 다수의 선거인(선거인의 가족 또는 선거인이나 그 가족이 설립·운영하고 있는 기관·단체·시설을 포함한다)에게 배부하도록 구분된 형태로 되어 있는 금품을 운반하는 행위

제77조의11(허위사실 공표 금지) ① 누구든지 당선되거나 되게 할 목적으로 선거공보나 그 밖의 방법으로 후보자(후보자가 되려는 사람을 포함한다. 이하 이 조에서 같다)에게 유리하도록 후보자, 그의 배우자 또는 직계존비속이나 형제자매에 관하여 허위의 사실을 공표하는 행위를 할 수 없다.

② 누구든지 당선되지 못하게 할 목적으로 선거공보나 그 밖의 방법으로 후보자에게 불리하도록 후보자, 그의 배우자 또는 직계존비속이나 형제자매에 관하여 허위의 사실을 공표하는 행위를 할 수 없다.

제77조의12(후보자 등 비방 금지) 선거운동을 목적으로 선거공보나 그 밖의 방법으로 공연히 사실을 적시하여 후보자(후보자가 되려는 사람을 포함한다), 그의 배우자 또는 직계존비속이나 형제자매를 비방할 수 없다.

제77조의13(사위등재금지) ① 거짓의 방법으로 선거인명부에 오르게 할 수 없다.

② 선거인명부작성에 관계 있는 자가 선거인명부에 고의로 선거권자를 기재하지 아니하거나 거짓 사실을 기재하거나 하게 할 수 없다.

제77조의14(사위투표금지) 성명을 사칭하거나 신분증명서를 위조 또는 변조하여 사용하거나 그 밖에 거짓의 방법으로 투표하거나 투표를 하려고 하거나 또는 투표하게 할 수 없다.

제77조의15(호별방문 등의 제한) 누구든지 선거운동을 위하여 선거인(선거인명부작성 전에는 선거인명부에 오를 자격이 있는 자를 포함한다)을 호별로 방문하거나 특정 장소에 모이게 할 수 없다.

제77조의16(기부행위의 정의) 이 정관에서 "기부행위"란 다음 각 호의 어느 하나에 해당하는 사람이나 기관·단체·시설을 대상으로 금전·물품 또는 그 밖의 재산상 이익을 제공하거나 그 이익제공의 의사를 표시하거나 그 제공을 약속하는 행위를 말한다.

1. 선거인(선거인명부를 작성하기 전에는 그 선거인명부에 오를 자격이 있는 자를 포함한다. 이하 이 조에서 같다)이나 그 가족
2. 선거인이나 그 가족이 설립·운영하고 있는 기관·단체·시설

제77조의17(기부행위로 보지 아니하는 행위) ① 다음 각 호의 어느 하나에 해당하는 행위는 기부행위로 보지 아니한다.

1. 직무상의 행위

가. 기관·단체·시설(나목에 따른 조합을 제외한다)이 자체사업계획과 예산에 따라 의례적인 금전·물품을 그 기관·단체·시설의 명의로 제공하는 행위(포상을 포함하되, 화환·화분을 제공하는 행위는 제외한다. 이하 나목에서 같다)

나. 조합이 해당 법령이나 정관등에 따른 사업계획 및 수지예산에 따라 집행하는 금전·물품을 그

조합의 명의로 제공하는 행위
다. 물품구매・공사・역무의 제공 등에 대한 대가의 제공 또는 부담금의 납부 등 채무를 이행하는 행위
라. 가목부터 다목까지의 규정에 따른 행위 외에 법령에 근거하여 물품 등을 찬조・출연 또는 제공하는 행위
2. 의례적 행위
가. 「민법」 제777조(친족의 범위)에 따른 친족(이하 이 조에서 "친족"이라 한다)의 관혼상제의식이나 그 밖의 경조사에 축의・부의금품을 제공하는 행위
나. 친족 외의 사람의 관혼상제의식에 통상적인 범위에서 축의・부의금품(화환・화분을 제외한다)을 제공하거나 주례를 서는 행위
다. 관혼상제의식이나 그 밖의 경조사에 참석한 하객이나 조객 등에게 통상적인 범위에서 음식물 또는 답례품을 제공하는 행위
라. 소속 기관・단체・시설(조합은 제외한다)의 유급 사무직원이나 친족에게 연말・설 또는 추석에 의례적인 선물을 제공하는 행위
마. 친목회・향우회・종친회・동창회 등 각종 사교・친목단체 및 사회단체의 구성원으로서 그 단체의 정관 등 또는 운영관례상의 의무에 기하여 종전의 범위에서 회비를 납부하는 행위
바. 평소 자신이 다니는 교회・성당・사찰 등에 통상의 예에 따라 헌금(물품의 제공을 포함한다)하는 행위
3. 「공직선거법」 제112조제2항제3호에 따른 구호적・자선적 행위에 준하는 행위
4. 그 밖에 제1호부터 제3호까지의 어느 하나에 준하는 행위로서 중앙선거관리위원회규칙에 따른 행위
② 제1항에 따라 통상적인 범위에서 1명에게 제공할 수 있는 축의・부의금품, 음식물, 답례품 및 의례적인 선물의 금액범위는 중앙선거관리위원회규칙에 따른다.

제77조의18(기부행위제한기간) 기부행위를 할 수 없는 기간(이하 "기부행위제한기간"이라 한다)은 다음 각 호와 같다.
1. 임기만료에 따른 선거: 임기만료일 전 180일부터 선거일까지
2. 재선거, 보궐선거, 조합의 설립・분할 또는 합병으로 인한 선거: 그 선거의 실시 사유가 발생한 날부터 선거일까지

제77조의19(기부행위제한) ① 후보자(후보자가 되려는 사람을 포함한다. 이하 이 조에서 같다), 후보자의 배우자, 후보자가 속한 기관・단체・시설은 기부행위제한기간 중 기부행위를 할 수 없다.
② 누구든지 기부행위제한기간 중 해당 선거에 관하여 후보자를 위하여 기부행위를 하거나 하게 할 수 없다. 이 경우 후보자의 명의를 밝혀 기부행위를 하거나 후보자가 기부하는 것으로 추정할 수 있는 방법으로 기부행위를 하는 것은 해당 선거에 관하여 후보자를 위한 기부행위로 본다.

③ 누구든지 기부행위제한기간 중 해당 선거에 관하여 제1항 또는 제2항에 규정된 자로부터 기부를 받거나 기부의 의사표시를 승낙할 수 없다.

④ 누구든지 제1항부터 제3항까지 규정된 행위에 관하여 지시·권유·알선 또는 요구할 수 없다.

⑤ 조합장은 재임 중에 기부행위를 할 수 없다.

제77조의20(조합장 등의 축의·부의금품 제공제한) 조합의 경비로 관혼상제의식이나 그 밖의 경조사에 축의·부의금품을 제공하는 경우에는 조합의 경비임을 명기하여 조합의 명의로 하여야 하며, 조합장의 직명 또는 성명을 밝히거나 그가 하는 것으로 추정할 수 있는 방법으로 하는 행위는 기부행위로 본다.

제77조의21 (선거일 후 답례금지) 후보자, 후보자의 배우자, 후보자가 속한 기관·단체·시설은 선거일 후 당선되거나 되지 아니한 데 대하여 선거인에게 축하·위로나 그 밖의 답례를 하기 위하여 다음 각 호의 어느 하나에 해당하는 행위를 할 수 없다.

1. 금전·물품 또는 향응을 제공하는 행위
2. 선거인을 모이게 하여 당선축하회 또는 낙선에 대한 위로회를 개최하는 행위

제78조(선거방법) ① 선거는 무기명 비밀투표로 한다.

② 선거권 행사는 1인1표로 한다.

제79조(투표소의 설치 등) ① 관할위원회는 조합과 투표소의 설치수, 설치장소 등을 협의하여 선거일 전일까지 투표소를 설치하여야 한다.

② 관할위원회는 공정하고 중립적인 사람 중에서 투표소마다 투표에 관한 사무를 관리할 투표관리관 1명과 투표사무를 보조할 투표사무원을 위촉하여야 한다.

제79조의2(동시조합장선거의 투표소의 설치 등) ① 동시조합장선거를 실시하는 경우 관할위원회는 제79조제1항에도 불구하고 그 관할구역 안의 읍·면[「지방자치법」 제4조의2(자치구가 아닌 구와 읍·면·동 등의 명칭과 구역)제3항에 따라 행정면을 둔 경우에는 행정면을 말한다]·동(「지방자치법」 제4조의2제4항에 따라 행정동을 둔 경우에는 행정동을 말한다)마다 1개소씩 투표소를 설치·운영 하여야 한다. 다만, 동의 경우에는 관할위원회가 해당 조합과 협의하여 일부 동에만 투표소를 설치할 수 있다.

② 동시조합장선거에서 선거인은 자신이 올라 있는 선거인명부의 작성 구역단위에 설치된 어느 투표소에서나 투표할 수 있다.

③ 투표관리관은 제2항에 따라 투표하려는 선거인에 대해서는 본인임을 확인할 수 있는 신분증명서를 제시하게 하여 본인여부를 확인한 다음 전자적 방식으로 무인 또는 서명하게 하고, 투표용지 발급기를 이용하여 선거권이 있는 해당 선거의 투표용지를 출력하여 자신의 도장을 찍은 후 선거인에게 교부한다.

④ 중앙선거관리위원회는 2개 이상 조합장선거의 선거권이 있는 선거인이 투표하는 데 지장이 없도록 하고, 같은 사람이 2회 이상 투표를 할 수 없도록 하는 데 필요한 기술적 조치를 하여야 한다.

⑤ 관할위원회는 섬 또는 산간오지 등에 거주하는 등 부득이한 사유로 투표소에 가기 어려운 선거

인에게는 그 의결로 거소투표, 순회투표, 인터넷투표 등 중앙선거관리위원회규칙으로 정하는 방법으로 투표를 하게 할 수 있다. 이 경우 투표방법 등에 관하여는 해당 조합과 협의하여야 한다.
⑥ 제5항에 따른 거소투표, 순회투표, 인터넷투표 등의 대상·절차·기간·방법, 그 밖에 필요한 사항은 중앙선거관리위원회규칙에 따른다.

제80조(투표안내문의 발송) 관할위원회는 선거인의 성명·선거인명부등재번호·투표소의 위치·투표시간·지참물·투표절차 그 밖의 투표참여를 권유하는 내용 등이 적힌 투표안내문을 선거인명부확정일 후 2일까지 선거인에게 우편으로 발송한다.

제81조(투표·개표의 참관) ① 후보자는 선거인 중에서 투표소마다 2명 이내의 투표참관인을 선정하여 선거일 전 2일까지, 개표소마다 2명 이내의 개표참관인을 선정하여 선거일 전일까지 관할위원회에 서면으로 신고하여야 한다. 이 경우 개표참관인은 투표참관인이 겸임하게 할 수 있다.
② 관할위원회는 제1항에 따라 신고한 투표참관인·개표참관인이 투표 및 개표 상황을 참관하게 하여야 한다.
③ 후보자가 제1항에 따른 투표참관인·개표참관인의 신고를 하지 아니한 때에는 투표·개표 참관을 포기한 것으로 본다.
④ 후보자 또는 후보자의 배우자와 해당 위탁단체의 임직원은 투표참관인·개표참관인이 될 수 없다.
⑤ 제1항에도 불구하고 동시조합장선거의 투표참관인은 투표소마다 12명으로 하며, 후보자수가 12명을 넘는 경우에는 후보자별로 1명씩 우선 선정한 후 추첨에 따라 12명을 지정하고, 후보자수가 12명에 미달하되 후보자가 선정·신고한 인원수가 12명을 넘는 때에는 후보자별로 1명씩 선정한 자를 우선 지정한 후 나머지 인원은 추첨에 의하여 지정한다.
⑥ 투표참관인·개표참관인의 선정·신고 및 투표참관인 지정의 구체적인 절차·방법, 그 밖에 필요한 사항은 중앙선거관리위원회규칙에 따른다.

제82조(투표절차) ① 관할위원회는 선거인이 투표할 때 선거인명부에 따라 선거인자격을 확인한다.
② 관할위원회는 투표당일 투표소에서 주민등록증 등에 따라 본인임을 확인하고 선거인명부에 날인·무인 또는 서명하게 하고 투표용지를 교부한다.
③ 선거인은 후보자간의 추첨에 따라 부여받은 기호 및 후보자의 성명을 적은 소정의 투표용지를 사용하여야 한다.
④ 선거인은 투표소에 비치된 소정의 기표용구로 투표용지에 "img34775587"표를 하여 투표함에 넣는다.

제83조(투표시간) ① 관할위원회는 조합과 협의하여 투표시간을 정한다. 다만, 동시조합장선거의 투표시간은 오전 7시부터 오후 5시까지로 한다.
② 투표를 마감할 때에 투표소에서 투표하기 위하여 대기하고 있는 선거인에게는 번호표를 부여하여 투표하게 한 후에 닫아야 한다.

제84조(무효투표) ① 다음 각호의 어느 하나에 해당하는 투표는 무효로 한다.

1. 정규의 투표용지를 사용하지 아니한 것
2. 2이상의 난에 표를 한 것
3. 어느 난에도 표를 하지 아니한 것
4. 어느 난에 표를 한 것인지 식별할 수 없는 것
5. ㅅ표가 아닌 다른 문자 또는 기호 등을 기입한 것
6. ㅅ표 외에 다른 사항을 기입한 것
7. 정규의 기표용구가 아닌 용구로 표를 한 것

② 다음 각 호의 어느 하나에 해당하는 투표는 무효로 하지 아니한다.
1. ㅅ표가 일부분 표시되거나 ㅅ표 안이 메워진 것으로서 소정의 기표용구를 사용하여 기표를 한 것이 명확한 것
2. 한 후보자란에만 2이상 기표된 것
3. 후보자란 외에 추가 기표되었으나 추가 기표된 것이 어느 후보자에게도 기표한 것으로 볼 수 없는 것
4. 두 후보자란의 구분선상에 기표된 것으로서 어느 후보자에게 기표한 것인지가 명확한 것
5. 기표한 것이 옮겨 묻은 것으로서 어느 후보자에게 기표한 것인지가 명확한 것
6. 인주로 오손되거나 훼손되었으나 정규의 투표용지임이 명백하고 어느 후보자에게 기표한 것인지가 명확한 것

제85조(개표시기 및 장소) ① 개표는 공고된 개표소에서 투표함을 모아 투표당일에 실시한다.
② 2이상의 투표소를 설치한 경우 투표소가 산간·오지 또는 도서지역 등에 설치된 경우로서 천재지변 등의 부득이한 사유로 투표당일 투표함의 일부가 개표소에 도착하지 못할 때에는 관할위원회가 정하는 바에 따른다.

제86조(당선인 결정) ① 후보자 중 유효투표의 최다득표자를 당선인으로 결정한다. 다만, 최다득표자가 2인 이상인 경우에는 연장자를 당선인으로 결정한다.
② 후보자등록마감시각에 등록된 후보자가 1인이거나 후보자등록마감 후 선거일의 투표마감시각까지 후보자가 사퇴·사망하거나 등록이 무효로 되어 후보자수가 1인이 된 때에는 투표를 실시하지 아니하고 선거일에 그 후보자를 당선인으로 결정한다.
③ 선거일의 투표마감시각 후 당선인결정 전까지 후보자가 사퇴·사망하거나 등록이 무효로 된 경우에는 개표결과 나머지 후보자 중에서 제1항에 따라 당선인을 결정한다.
④ 당선인의 결정에 명백한 착오가 있는 때에는 당선인의 결정을 시정한다.

제87조(재선거 및 보궐선거) ① 다음 각 호의 어느 하나에 해당하는 경우에는 재선거를 실시한다.
1. 선거결과 당선인이 없는 때
2. 법 제33조의 규정에 따라 선거에 따른 당선이 취소 또는 무효로 된 때
3. 법 제173조 또는 「공공단체등 위탁선거에 관한 법률」 제70조(위탁선거범죄로 인한 당선무효)의 규정에 따라 당선이 무효로 된 때
4. 선거의 전부무효판결이 있는 때

5. 당선인이 임기개시 전에 사퇴·사망하거나 피선거권이 없게 된 때

② 제1항에 따른 경우 외에 조합장이 임기 중 궐위된 때에는 보궐선거를 실시한다.

③ 제1항 및 제2항에도 불구하고 그 실시사유가 발생한 날부터 임기만료일까지의 기간이 1년 미만인 경우에는 재선거 또는 보궐선거를 실시하지 아니한다.

④ 제3항에 따라 재선거 또는 보궐선거를 실시하지 아니하는 경우 조합장의 직무는 그 재선거 또는 보궐선거 실시사유가 발생한 날부터 전임 조합장 임기만료일까지 제52조제2항에 따른 직무대행자가 대행한다.

제88조(선거의 일부무효로 인한 재선거) ① 선거의 일부무효의 판결이 확정된 때에는 관할위원회는 선거가 무효로 된 당해 투표소의 재선거를 실시한 후 다시 당선인을 결정하여야 한다.

② 제1항의 재선거를 실시함에 있어서 판결에 특정한 명시가 없는 한 제62조 및 제72조의 규정에 불구하고 당초 선거에 사용된 선거인명부를 사용한다.

③ 조합장의 임기개시 후 제1항에 따른 재선거를 실시한 결과 당선인의 변경이 없는 경우에는 조합장의 임기를 새로이 기산하지 아니한다.

제89조(당선의 통지) 제86조의 규정에 따라 당선인이 결정된 경우 관할위원회는 즉시 당선인에게 당선을 통지하고, 당선인의 주소·성명을 공고한다.

제90조(선거기록) ① 관할위원회는 투표·개표 및 선거상황을 기록한 투표록·개표록 및 선거록을 작성한다.

② 제1항에 따른 투표록·개표록 및 선거록 그 밖에 선거관련서류는 투표지와 함께 당해 선거에 의한 당선인의 임기 중 관할위원회에서 보관한다. 다만, 당해 선거소송이 법원에 조합장의 재임 기간이상 계속 중인 때에는 소송이 완료될 때까지 관할위원회에서 보관한다.

제91조 내지 제153조 : 내용 생략

<별표>

구비서류 일람표

구 분	부 수	발 급 자
1. 후보자등록신청서(소정양식)	1부	본 인
2. 출자금원장 사본	1부	조 합 장
3. 연체채무유무 확인서	1부	채권보유사무소장
4. 최종학력증명서(해당자에 한함)	1부	해당기관장
5. 퇴직증명서(해당자에 한함)	1부	해당기관장
6. 사업이용실적 충족유무 확인서	1부	조 합 장
7. 비경업관계사실 확인서	1부	조 합 장
8. 주민등록초본 또는 가족관계증명서	1부	해당기관장
9. 범죄경력조회회보서(실효된 형 포함)	1부	해당기관장
10. 공명선거실천 서약서	1부	본 인
11. 기타 증명서(해당자에 한함)	1부	해당기관장

(주) 1. 구비서류의 서식은 중앙회장이 따로 정함
    2. 「공공단체등 위탁선거에 관한 법률」에 따른 조합장선거 및 대의원선거의 경우 범죄경력조회회보서는 구비서류에서 제외

2. 지역축산업협동조합정관례[시행 2018. 6. 11.] [농림축산식품부고시 제2018-45호, 2018. 6. 11., 일부개정]

* 지면관계상 내용 생략 : 지역농업협동조합정관례의 내용과 유사하지만, 구체적 내용은 농림축산식품부 홈페이지(https://www.mafra.go.kr) 참조 요망

3. 품목별업종별협동조합정관례[시행 2018. 6. 11.] [농림축산식품부고시 제2018-46호, 2018. 6. 11., 일부개정]

* 지면관계상 내용 생략 : 지역농업협동조합정관례의 내용과 유사하지만, 구체적 내용은 농림축산식품부 홈페이지(https://www.mafra.go.kr) 참조 요망

Ⅴ. 조합임원선거관리준칙(예)

* 내용 생략(조합임원선거관리준칙(예) 등 내규는 별도 참조 요망 : 조합의 규정(예)집에 수록된 내용 참조)

[별첨자료 3]

조합장선거 입후보시 고려해야할 사항들[69]

* 선거에 일단 임하면 후보자는 '당선'을 목표로 전력을 다하게 된다. 그러나 당선이라는 목표를 달성하는 일은 결코 쉬운 일이 아니다. 여러 가지 험난한 과정을 거쳐야만 한다. 그러나 험난한 과정을 모두 거치고도 당선이라는 목표를 달성하지 못하는 경우가 많다. 그나마 선거를 완주하고 '떳떳한 패배'를 하면 다행이랄 수도 있다. 어떤 경우에는 선거를 완주하지도 못한 채 '상처만 입은 채 중도탈락'되기도 한다. 또한 어떤 경우에는 선거에 당선되고도 형사소송이나 선거무효소송 또는 당선무효소송에 시달리기도 한다. 이런 경우에는 '상처만 남는 승리'가 되기도 한다.

요컨대 후보자가 가장 바라는 것은 '영광된 승리'이며 이는 곧 '상처를 입지 않는 당선' 내지 '안전한 당선'을 의미한다. 그러면 후보자가 상처를 입지 않고 안전하게 당선되기 위해서는 어떤 사항들을 고려해야 할지에 대하여 살펴보기로 한다.

Ⅰ. 입후보에 관한 의사결정을 하기 전에 고려해야 할 사항

1. 자신이 합당한 후보자가 될 수 있을 것인지 판단해 봅시다.

○ 협동조합 조합장으로서 맡은 바 직분을 충실히 수행할 마음자세와 역량을 갖추고 있는지 스스로를 뒤돌아봐야 한다. 협동조합의 조합장은 공직자(公職者)에 못지않은, 오히려 어떤 의미에서는 그보다도 더 높은 수준의 도덕성(윤리성)과 청렴성을 요구받는 자리라고 할 수 있다.

2. "협동조합의 민주적 운영"에 대한 확고한 신념과 실천의지를 갖고 있는지 그리고 "협동조합의 자율(自律)"을 수호할 의지와 용기가 있는지 자문해 보아야 합니다.

○ 협동조합 선거는 협동조합의 "민주적 관리(Democratic Control)"를 실현하기 위한 핵심적인 절차이고[70] 우리나라에서 협동조합 선거는 1987년 6.29 선언을 전후한 민주화운동에 의해 부활된 것이므로, 협동조합의 조합장은 "협동조합의 민주적 운영"에 대한 확고한 신념과 실천의지가 필요하다.

---

[69] 이하의 내용은 저자가 다년간 농협중앙회의 법규실무업무에 종사하면서 얻은 지식·경험과 농협대학교에서의 연구 및 교육경력을 기초로 하여 작성하였다(저자는 농협대학교에서 신임조합장교육과정 및 경영대학원과정 등 여러 가지 임직원교육과정의 주임교수를 맡아 운영하면서 많은 임직원(특히 조합장)들로부터 선거에 관한 많은 경험담과 의견을 들은 바 있다. 임직원들은 협동조합 선거법규 해설책자의 필요성을 강하게 제기하였는데, 그러한 요구들이 이 책을 출간하게 된 동기가 되었다.
[70] 협동조합은 민주주의를 학습하고 훈련하는 교실(classroom of democracy)과 같다.

- 1987.10.29. 헌법개정(대통령직선제를 도입하였다) 이후 "농협의 조합장선임방식을 임명제에서 직선제로 바꾸어야 한다"는 농민들의 열망에 따라 조합장직선제가 도입되었던 것이다.71)

3. 가족 및 친지 그리고 많은 사람의 의견을 청취할 필요가 있습니다.

○ 어차피 선거에 입후보하게 되면 가족 및 친지들의 도움을 입지 않으면 안 되므로 미리 본인의 의사를 진솔하게 털어놓고 가까운 사람들과 상의할 필요가 있다. 가족 및 친지들은 '나의 장단점과 당선가능성 등'에 대해 제일 잘 아는 사람들이고 또한 가장 '충실한 조언'을 해 줄 수 있는 사람들이기에 이들의 의견을 경청할 필요가 있다. 물론 최종적인 의사결정은 본인의 몫이 될 것이다.

4. 경제적 여력도 어느 정도 고려해야 합니다.

○ '돈 안 쓰는 선거운동'을 하겠다고 아무리 노력한다 하더라도 일단 선거에 임하게 되면 그 과정에서 어쩔 수 없이 각종 비용이 소요되게 된다. 따라서 자신의 경제적 여력을 고려하지 않을 수 없다. 선거를 치르면서 남의 도움에만 의존할 수도 없는 일이고, 빚을 얻어 선거를 치러서도 안 될 일이다. 선거를 치르는 데 경제적 여력이 의심된다면 입후보를 하지 않는 편이 낫다. 괜히 선거에 입후보했다가 경제적 고통만 떠안게 된다.

5. 협동조합의 정의와 이념 등에 대한 학습을 미리 해두어야 합니다.

○ ICA(국제협동조합연맹)72)는 1995년 창립 100주년 기념총회에서 협동조합을 "공동으로 소유되고 민주적으로 운영되는 사업체를 통하여 공통의 경제적·사회적·문화적 필요와 욕구를 충족시키고자 하는 사람들이 자발적으로 결성한 자율적인 조직(a cooperative is an autonomous association of persons united voluntarily to meet their common economic, social and cultural needs and aspirations through a jointly-owned and democratically-controlled enterprise)"으로 정의하였다. ICA는 이러한 협동조합의 정의가 법률을 기초하거나 조합원을 교육하며 교재를 편찬하는 데 유용한 정의라고 권

---

71) 1988년 조합장 임명제가 폐지(농업협동조합임원임면에관한임시조치법 폐지, 1988.12.31. 법률 제4079호)되고 직선제가 도입(농협법 개정 1988.12.31. 법률 제4080호)되었다. 1988년 국회 '민주발전을 위한 법률개폐특위'는 여야 4당의 합의하에 1988.7.21. 간사회의를 열고 개폐대상법률 31개(국가보안법, 국가안전기획부법 등)를 선정하였는데, 그 중에 농업협동조합임원임면에관한임시조치법도 포함되어 있었다. 한겨레신문 1988.7.22.자, 매일경제신문 1988.7.22.자 기사 참조.
72) ICA(International Cooperative Alliance)는 각국의 중앙단위 협동조합이 회원으로 가입하고 있는 세계 최대의 비정부기구(NGO)이다. 1887년 프랑스의 협동조합 지도자 보와브(De Boyve)의 제안으로 국제 협동조합 기구 창설이 본격적으로 추진되었으며, 1895년 8월 19일 런던에서 14개국 대표가 참석한 가운데 창립총회를 개최하였다. 1937년 '로치데일 원칙'을 기초로 ICA 원칙을 채택하였고, 1995년 영국의 맨체스터에서 개최된 창립 100주년 기념총회에서 기존의 ICA 원칙을 수정한 바 있다.
　ICA의 목적은 ▷ 환경과 분배 문제 등 자본주의의 폐해를 극복하고 보다 나은 공동체사회를 지향 ▷ 지속 가능한 사회 건설을 담당하는 경제주체로서 협동조합의 구현 ▷ 조합원의 권익 증진을 위한 전세계 협동조합간 협조체제 구축이고, ICA의 주요 활동은 ▷ 대자본에 대응하여 상대적 약자인 조합원의 경제적, 사회적 권익보호 ▷ 동종·이종·지역 협동조합간 협력체제 구축 ▷ 협동조합 발전을 위한 국제 활동이다.

고하였다. ICA의 협동조합 정의에서 주목할 점은 다음과 같다.
① 협동조합은 자율적(autonomous)인 조직이다.
② 협동조합은 인격의 결합체(an association of persons)이다.
③ 협동조합의 인격체들은 자발적으로(voluntarily) 결합된다.
④ 협동조합의 조합원은 공동의 경제적, 사회적, 문화적 필요를 만족시키고자 한다.
⑤ 협동조합은 "공동으로 소유되고 민주적으로 운영되는 사업체"이다.

○ 또한 ICA(협동조합연맹)가 정한 협동조합 운영 7대원칙에 대한 이해를 갖고 있어야 하는데, 그 주요내용은 다음과 같다.

① 가입자유의 원칙
- 협동조합은 자발적인 조직으로서 조합원이면 누구나 협동조합을 이용할 수 있고 조합원으로서 책임을 다할 수 있으며 성(性)·사회·인종·정치·종교적 차별을 두지 않고 모든 사람에게 개방된다.

② 민주적 관리의 원칙
- 협동조합은 조합원에 의해 관리되는 민주적 조직으로서 조합원은 정책수립과 의사결정에 적극적으로 참여한다. 선출된 임원들은 조합원에게 책임을 지고 봉사한다. 기초단계 협동조합의 조합원은 동등한 투표권(1인 1표)을 가지며 다른 단계의 협동조합도 민주적 방식에 따라 관리된다.

③ 조합원의 경제적 참여의 원칙
- 조합원은 협동조합의 자본조달에 공정하게 참여하며 자본을 민주적으로 관리한다. 최소한 자본금의 일부는 조합의 공동재산으로 한다. 출자배당이 있을 경우 조합원은 출자액에 따라 제한된 배당금을 받는다. 잉여금은 준비금 적립 등을 통한 협동조합의 발전, 조합원의 사업이용실적에 비례한 편익 제공, 기타 조합원 동의를 얻은 활동지원 목적을 위해 배분한다.

④ 자율과 독립의 원칙
- 협동조합은 조합원에 의해 관리되는 자율·자조적 조직이다. 협동조합이 정부 등 다른 조직과 약정을 맺거나 외부자본을 유치하고자 할 때에는 조합원에 의한 민주적 관리가 보장되고 협동조합의 자율성이 유지되어야 한다.

⑤ 교육 및 홍보의 원칙
- 협동조합은 조합원, 선출된 임원, 경영자, 직원들이 협동조합의 발전에 효율적으로 기여하도록 교육과 훈련을 실시한다. 협동조합은 일반대중 특히 젊은 세대와 여론지도층에게 협동의 본질과 장점을 홍보한다.

⑥ 협동조합간 협동의 원칙
- 협동조합은 지역 및 전국단위간에 그리고 인접국간 및 국제적으로 함께 일함으로써 협동조합운동을 강화하고 조합원에 대해 효과적으로 봉사한다.

⑦ 지역사회에 대한 기여의 원칙
- 협동조합은 조합원의 의사에 따라 그들 지역사회의 지속가능한 발전을 위해 노력한다.

○ 협동조합 운영에 있어서 중요시해야 할 가치는 "자조, 자기책임, 민주, 평등, 형평성, 연대, 정직, 개방성, 사회적 책임, 타인에 대한 배려 등"이다.

6. 협동조합법의 헌법적 기초 및 기본내용, 임원·대의원의 권리의무에 대한 학습도 필요합니다.

○ 우리 헌법 제123조 제5항은 "국가는 농·어민과 중소기업의 자조조직을 육성하여야 하며 그 자율적 활동과 발전을 보장한다."고 규정하고 있는데, 이 규정은 국가의 협동조합 육성과 자율적 활동 및 발전보장의무를 규정한 것으로 이해된다. 좀 더 본질적으로는 헌법상 보장된 '결사의 자유'에서 협동조합 설립 및 운영의 헌법적 기초를 찾을 수 있을 것이다.[73]
○ 우리나라의 협동조합들은 각기 설립과 운영의 준거법이 다를 수 있다. 따라서 해당 협동조합에 적용되는 법령을 각자 확인하여 학습할 필요가 있다.[74]

7. 협동조합 임원의 직책에 대한 올바른 인식을 갖고 있어야 합니다.

○ 협동조합 임원의 직책은 봉사를 위한 직책이지 개인의 사리사욕을 충족하기 위한 직책이 아니라는 점을 명심해야 한다.
○ 혹시 조합원들에 대한 봉사자세 없이 개인적인 명예욕이나 경제적 욕구 등을 충족하기 위해 입후보하려는 생각이 조금이라도 있다면 일찌감치 입후보의사를 체념하는 것이 나을 것이다.
- 개인의 사리사욕을 위해 협동조합의 선거에 입후보하게 되면 설령 당선이 된다 하더라도 결국 아름다운 종말을 갖지 못하는 경우가 많다. 형사처벌을 받거나 막대한 손해배상책임을 지게 되는 경우도 많다.
○ 협동조합의 임원은 엄중한 법적 책임을 지게 된다는 점을 인식하여야 한다. 협동조합의 임원과

---

73) <헌법>
    제21조 ① 모든 국민은 언론·출판의 자유와 집회·결사의 자유를 가진다.
    ② 언론·출판에 대한 허가나 검열과 집회·결사에 대한 허가는 인정되지 아니한다.
    ③ 통신·방송의 시설기준과 신문의 기능을 보장하기 위하여 필요한 사항은 법률로 정한다.
    ④ 언론·출판은 타인의 명예나 권리 또는 공중도덕이나 사회윤리를 침해하여서는 아니된다. 언론·출판이 타인의 명예나 권리를 침해한 때에는 피해자는 이에 대한 피해의 배상을 청구할 수 있다.
  * '결사의 자유'란 다수인이 공동의 목적을 위하여 계속적인 단체를 결성할 수 있는 자유로 언론, 출판, 집회의 자유와 함께 민주주의 국가의 기본적인 자유이다. '결사'란 법적 형식에 관계없이 다수의 자연인 또는 법인이 비교적 장기간에 걸쳐 공동의 목적을 위하여 구성원 간의 자유의 의사로써 결성·조직된 모든 단체를 말하며 공법상의 결사는 포함되지 않는다. 결사의 자유는 적극적으로는 단체결성의 자유, 단체존속의 자유, 단체활동의 자유, 결사에의 가입, 잔류의 자유를 보장하고 있다(헌재결 1996. 4. 25, 92 헌바47). 소극적 결사의 자유, 즉 기존의 단체로부터 탈퇴하거나 결사에 가입하지 아니할 자유가 인정되는가에 대하여 사법적 결사의 경우에는 인정되나 공법적 결사(의사회, 변호사회)의 경우에는 소극적 결사가 인정되지 않고 가입강제가 인정된다고 한다.
74) 예컨대, 농협법의 경우에는 제1조(목적), 제45조(임원의 정수 및 선출), 제46조(임원의 직무), 제47조(감사의 대표권) 등의 내용을 참고해야 한다.

협동조합간에는 법상 위임(委任)관계가 성립하므로 협동조합의 임원은 협동조합에 대하여 수임인(受任人)으로서의 지위를 가지며, 이에 따라 선량한 관리자의 주의의무('선관의무(善管義務)'라 한다)를 갖는다.[75] 협동조합의 임원이 선관의무를 위반하여 조합에 손해를 끼치게 되면 이에 대한 배상책임을 지게 된다.[76] 농협법은 특히 엄중한 손해배상책임규정을 두고 있다.[77] 이밖에 불법행위로 인한 손해배상책임을 지는 경우도 있을 수 있다.[78]

뿐만 아니라 협동조합의 임원이 임무에 위배하여 업무를 처리한 경우에는 배임죄 등에 의해 형사처벌을 받을 수도 있다.[79] 일정한 경우에는 농협의 임직원에 대하여 가중처벌규정이 적용된다는 점도 유념하여야 한다.[80]

---

75) <민법>([시행 2012.2.10] [법률 제11300호, 2012.2.10, 일부개정])
    제680조 (위임의 의의) 위임은 당사자일방이 상대방에 대하여 사무의 처리를 위탁하고 상대방이 이를 승낙함으로써 그 효력이 생긴다.
    제681조 (수임인의 선관의무) 수임인은 위임의 본지에 따라 선량한 관리자의 주의로써 위임사무를 처리하여야 한다.
76) <민법>([시행 2012.2.10] [법률 제11300호, 2012.2.10, 일부개정])
    제390조 (채무불이행과 손해배상) 채무자가 채무의 내용에 좇은 이행을 하지 아니한 때에는 채권자는 손해배상을 청구할 수 있다. 그러나 채무자의 고의나 과실없이 이행할 수 없게 된 때에는 그러하지 아니하다.
77) <농협법>([시행 2012.12.2] [법률 제11454호, 2012.6.1, 일부개정])
    제53조(임원의 의무와 책임) ① 지역농협의 임원은 이 법과 이 법에 따른 명령 및 정관의 규정을 지켜 충실히 그 직무를 수행하여야 한다.
    ② 임원이 그 직무를 수행할 때 법령이나 정관을 위반한 행위를 하거나 그 임무를 게을리하여 지역농협에 끼친 손해에 대하여는 연대하여 손해배상의 책임을 진다.
    ③ 임원이 그 직무를 수행할 때 고의나 중대한 과실로 제3자에게 끼친 손해에 대하여는 연대하여 손해배상의 책임을 진다.
    ④ 제2항과 제3항의 행위가 이사회의 의결에 따른 것이면 그 의결에 찬성한 이사도 연대하여 손해배상의 책임을 진다. 이 경우 의결에 참가한 이사 중 이의를 제기한 사실이 의사록에 적혀 있지 아니한 이사는 그 의결에 찬성한 것으로 추정한다.
    ⑤ 임원이 거짓으로 결산보고·등기 또는 공고를 하여 지역농협이나 제3자에게 끼친 손해에 대하여도 제2항 및 제3항과 같다.
    [전문개정 2009.6.9]
78) <민법>([시행 2012.2.10] [법률 제11300호, 2012.2.10, 일부개정])
    제750조 (불법행위의 내용) 고의 또는 과실로 인한 위법행위로 타인에게 손해를 가한 자는 그 손해를 배상할 책임이 있다.
79) <형법>[시행 2010.10.16] [법률 제10259호, 2010.4.15, 일부개정]
    제355조 (횡령, 배임) ① 타인의 재물을 보관하는 자가 그 재물을 횡령하거나 그 반환을 거부한 때에는 5년 이하의 징역 또는 1천500만원 이하의 벌금에 처한다. <개정 1995.12.29>
    ② 타인의 사무를 처리하는 자가 그 임무에 위배하는 행위로써 재산상의 이익을 취득하거나 제삼자로 하여금 이를 취득하게 하여 본인에게 손해를 가한 때에도 전항의 형과 같다.
    제356조(업무상의 횡령과 배임) 업무상의 임무에 위배하여 제355조의 죄를 범한 자는 10년 이하의 징역 또는 3천만원 이하의 벌금에 처한다. <개정 1995.12.29>
    제357조(배임수증재) ① 타인의 사무를 처리하는 자가 그 임무에 관하여 부정한 청탁을 받고 재물 또는 재산상의 이익을 취득한 자는 5년 이하의 징역 또는 1천만원 이하의 벌금에 처한다. <개정 1995.12.29>
    ②③(생략)
80) ○ 특정범죄 가중처벌 등에 관한 법률 : 농협중앙회의 임원과 과장대리급 이상의 직원, 조합 및 품목조합연합회의 임원(동법 제4조)이 형법 제129조(뇌물죄), 제130조(제3자 뇌물제공) 또는 제132조(알선수뢰)에 규정된 죄를 범한 경우에는 동법 제2조에서 정하는 바에 따라 가중처벌된다.

8. 평소에 경제·경영에 대한 지식을 익히는 데 노력하여야 합니다.

○ 협동조합의 임원이 되면 협동조합 경영에 대한 의사결정과 업무집행을 하게 된다. 사소한 실수나 판단착오가 협동조합 경영에 막대한 손해를 입힐 수도 있다. 따라서 협동조합 임원이 되고자 하는 생각이 있는 자라면 평소에 경제·경영에 관한 지식을 익히는 데 노력하여야 한다.
○ 특히, 조합장은 최고경영자(CEO; Chief Executive Officer)의 지위를 가지므로 더더욱 폭넓은 경제·경영에 대한 식견(識見)을 갖출 필요가 있다.

Ⅱ. 입후보 등록을 하기 전에 고려해야 할 사항

1. 입후보자격요건에 부합하는지 미리 확인해야 합니다.

○ 조합장에 입후보하려면 먼저 결격사유에 해당되지 않는지 관련 법령을 통해 미리 확인해야 한다 (예 : 농협법 제49조 등).

2. 사전 준비사항을 꼼꼼히 챙겨봅시다.

○ 입후보등록에 필요한 서류가 무엇인지 등을 미리 확인하여 꼼꼼히 챙겨두어야 할 것이다.
 그밖에 어떤 선거운동방법을 선택할 것인지 어떻게 하면 효과적인 선거운동을 할 수 있을 것인지 그리고 필요한 자금계획도 미리 마련해 두어야 한다. 또한 누구로부터 어떤 협력을 받을 수 있을 것인지에 대하여도 고려해 두어야 할 것이다.

3. 선거전략을 미리 치밀하게 수립합시다.

○ 선거전략을 체계적·합리적으로 수립하지 않으면 선거에서 절대로 승리할 수 없다. 치밀한 선거 전략이 미리 마련되지 않은 상태에서 선거운동에 돌입하게 되면 우왕좌왕하게 되고 다른 사람들의 이야기에 흔들리게 되어 선거를 효과적으로 치러내지 못하게 된다.
○ 선거권자의 욕구트렌드를 파악하고 지역별, 계층별 선거권자들의 특성도 파악해 두어야 한다. 선거권자의 모든 욕구(Needs)를 만족시키기 어려운 경우에는 타겟(Target)선거권자 그룹을 선정하여 '선택과 집중'의 전략도 필요하다(선거권자 중심의 마케팅적 접근).

4. 선거법규를 사전에 충분히 학습합시다.

○ 조합장선거에 관하여는 '공공단체등 위탁선거에 관한 법률'(약칭 : 위탁선거법)과 '공공단체등

○ 특정경제범죄 가중처벌 등에 관한 법률 : 조합과 농협은행의 임직원이 형법 제347조(사기), 제350조(공갈), 제351조(업무상의 횡령과 배임)의 죄를 범한 때에는 동법 제3조에서 정하는 바에 따라 가중처벌된다. 또한 조합과 농협은행의 임직원이 그 직무에 관하여 수재(알선수재 포함) 등을 하거나 사금융알선 등을 한 경우에도 동법에 의해 처벌된다.

위탁선거에 관한 규칙(약칭 : 위탁선거규칙)을 잘 참조해야 한다. 그밖에 각 협동조합의 정관, 선거규약 등의 내용도 참조해야 한다.

Ⅲ. 선거운동을 하는 동안에 고려해야 할 사항

1. 선거공약은 현실적이고 합리적인 계획을 작성해야 합니다.

○ 너무 허황되고 무리한 공약은 조합원들의 표심을 끌어낼 수 없다. 조합원들이 무엇을 가장 절실하게 요구하고 있는지 조합원들의 삶의 질의 향상을 위해 무엇이 필요한지를 파악하여 이를 해결할 수 있는 현실적이고도 합리적인 방안을 제시하여야 한다.

2. '표'를 얻으려 하기 전에 먼저 '신뢰'를 얻으려 노력해야 합니다.

○ 신뢰를 얻으면 표는 저절로 얻게 되는 것이다. 자신이 무엇을 할 수 있는지를 제시하고 이에 대한 조합원들의 신뢰를 얻으려 노력해야 한다(물론 신뢰라는 것이 단기간에 얻어지는 것이 아니기 때문에 평상시의 처세와 태도를 바르게 갖는 것이 중요하다는 점은 두말할 나위가 없다). 중요한 것은 어떻게 하면 조합원들의 "인기"를 얻을까를 고민할 것이 아니라 어떻게 하면 조합원들의 "신뢰"를 얻을까를 고민해야 할 것이다. '진심'은 언제 어디에서나 통하기 마련이다

3. 봉사자의 자세로 조합원들에게 다가서야 합니다.

○ 조합장의 직책은 단순한 "감투"가 아니라 조합원과 지역사회에 봉사하고 기여하는 직책이라는 점을 잊어서는 안 된다. 항시 겸손한 자세로 조합원들의 어려움을 살피고 이를 해결해 주기 위해 노력하는 진지한 자세를 견지해야 한다. '재능'도 중요하지만 '덕(德)'이 더 중요하다는 사실을 잊지 말아야 한다.

4. '합리적 리더십'을 보여줘야 합니다.

○ 권위적 리더십은 과거에는 통했을지 모르지만 이제는 더 이상 통하지 않는다. 많은 사람들과 자유롭고 민주적인 분위기에서 소통할 수 있는 합리적인 리더십으로 다가서야 한다. 조합원과 고객을 존중하고 배려하며 타인의 의견을 경청하면서 지지를 이끌어내는 합리적 리더십이 필요하다 ('부리는 리더십'이 아니라 '섬기는 리더십'이 필요).

5. 상대후보에 대한 '차별적 우월성'을 강조하면서, 낙천적 자세로 '희망·비전'을 제시해야 합니다.

○ 자신의 강점과 약점, 상대후보의 강점과 약점을 면밀히 분석하여 자신의 차별적 우월성을 강조

해야 한다. 긍정적(Positive)인 선거운동이 부정적(Negative)인 선거운동보다 더욱 강한 효과가 있다는 점을 기억해야 한다. 상대방의 약점을 지나치게 강조하거나 헐뜯게 되면 역효과가 날 가능성이 크다. 특히 허위사실을 공표한다든지 비방을 하게 되면 형사처벌을 받게 될 수 있다. '아니면 말고'식의 헐뜯기 전략은 오히려 조합원들로부터 비난을 받을 우려가 크다.

○ 한편, 나의 약점을 강점으로 활용할 수도 있다. 가령 '말재주'가 좀 부족할 경우에는 이를 '말재주는 다른 후보보다 뒤지지만 진실성은 누구보다 강하다'라는 식으로 접근할 수도 있을 것이다.

○ 선거권자들은 비관론자보다 낙관론자에 더 끌리게 마련이다. 밝은 미소와 함께 생동감 넘치는 활동가로서의 이미지를 선거권자들의 마음에 심어준다면 당선이 의외로 쉽게 얻어질 수도 있다. 낙천적인 자세로 희망과 비전을 이야기해야 한다(진실성이 수반된 '이미지 전략'- 선거권자의 특성과 욕구에 맞춰 포지셔닝).

6. 페어 플레이(Fair Play)를 하겠다는 각오가 필요합니다.

○ 설령 선거에서 패배한다 하더라도 '반드시 공정하게 선거를 치르겠다'는 페어 플레이(Fair Play) 정신을 지녀야 한다.

선거를 치른 사람들 중에는 선거에서 패배하고 가까웠던 친척과 친구마저 잃게 되는 등 심각한 후유증에 시달리는 경우가 드물지 않으며, 선거가 끝난 후 지역사회에서 매장되어 버리는 경우도 있다.

설혹 선거에서 지는 한이 있더라도 세상사람들의 인정(人情)과 인심(人心)마저 잃으면 안 된다. 선거에서 좋은 평판을 유지하는 일 그리고 좋은 인간관계를 해치지 않는 일이 중요하다.

7. 아무리 유혹이 크더라도 불법적인 선거운동을 하지 않겠다는 결연한 각오가 필요합니다.

○ 처음에는 페어 플레이(Fair Play)정신을 지키겠다는 각오를 하였더라도 경쟁이 치열해지다보면 불법적인 선거운동에 마음이 끌리기 쉽다. 더욱이 주변에서 "○○만 하면 당선이 확실하다.", "발각될 염려는 전혀 없다.", "상대후보도 하고 있는 일이다" 등등의 감언이설이 있기 마련이다.

그러나 이러한 유혹을 과감하게 떨쳐야만 한다. 아무리 작은 불법행위라도 일단 발을 들여놓으면 헤어나올 수 없다는 점을 유념해야 한다.

특히 협동조합선거에 있어서는 공직선거에 비해 불법선거의 범위가 훨씬 넓다는 점을 유념해야 한다. 왜냐하면 공직선거에 있어서는 선거운동에 관하여 Negative방식으로 규정하고 있으나 협동조합선거에 있어서는 선거운동에 관하여 Positive방식으로 규정하고 있기 때문이다.[81]

---

[81] 공직선거법 제58조 제2항은 "누구든지 자유롭게 선거운동을 할 수 있다. 그러나 이 법 또는 다른 법률의 규정에 의하여 금지 또는 제한되는 경우에는 그러하지 아니하다."라고 규정하여 Negative입법방식(자유가 원칙이고 금지가 예외)을 취하고 있지만, 위탁선거법은 Positive입법방식(금지가 원칙이고 자유가 예외)을 취하고 있어 법에서 허용하는 방

8. 특히 금전을 이용한 매표행위(買票行爲)는 절대 금해야 합니다.

○ 금전을 이용한 매표행위는 헤어나올 수 없는 구렁텅이로 자신을 빠뜨리는 행위라는 점을 명심하여야 한다. 최근에 검찰과 법원에서도 매표행위를 엄중하게 처벌하고 있으며 단속법규도 더욱 강화되고 있다. 세상에 비밀이란 없다(최근에는 고액의 포상금을 노리고 활동하는 선거파파라치들도 많다). 아무리 은밀하게 이루어지더라도 매표행위는 드러나게 되는데, 적발될 경우 엄중하게 처벌받을 것을 생각하면 위험부담이 너무 크다는 점을 인식해야 한다. 만일 상대후보의 매표행위를 적발하게 된다면 오히려 선거를 너무 쉽게 이길 수 있다.
○ 법에서 허용하지 않는 기부행위도 금하여야 하며, 축의·부의금품을 제공할 때에도 선거법규에 위반되지 않도록 유의하여야 한다.

9. 선거브로커에게 이용당하지 않도록 유의해야 합니다.

○ 우리사회에서는 공직선거나 협동조합선거를 기회로 삼아 '한 몫 잡겠다'고 덤벼드는 선거브로커들이 활개치기도 한다. 이들의 꼬임에 넘어가면 돈만 잔뜩 쓰고 선거에 패배하게 되어 결국 상처투성이의 만신창이가 되게 된다. 이들의 접근을 철저히 차단하고 균형잡힌 사고로써 선거를 공명하게 치루지 않으면 안 된다.

10. 지연, 혈연, 학연 등의 연고(緣故)에 지나치게 의존하는 선거운동을 해서는 안 됩니다.

○ 우리나라 선거문화의 병폐중 하나가 지연, 혈연, 학연 등의 연고에 지나치게 의존한다는 점이다. 물론 어느 시대 어느 나라에서나 지연, 혈연, 학연 등의 연고가 선거에 영향을 미치는 것은 사실이다. 그러나 지나치게 이들 연고에 의존하게 되면 오히려 역풍(逆風)을 맞을 수 있다. 말하자면, 연고가 없는 자 즉 비연고자들의 반발과 외면을 불러올 수 있는 것이다. 그리고 선거가 끝난 후에도 이로 인한 감정의 골은 쉽게 회복되지 않으며 갈등과 반목이 오랜 동안 지속될 수 있다.
특히 지역이 크든 작든 지역감정을 건드리는 일은 자제되어야 한다. 다함께 협동하여 삶의 질을 높이고자 협동조합을 운영하는 것인데, '윗동네/아랫동네'를 나누어 지역대결구도(동네싸움)로 가는 일은 지양해야 한다.

식 외에는 모두 불법이 되게 되어 불법선거의 범위가 공직선거에 비해 훨씬 넓다(따라서 형사처벌될 가능성도 훨씬 크다). 협동조합의 임원선거운동에 관한 규정도 Negative입법방식으로 전환하는 것을 고려할 필요가 있다고 본다. 상세한 내용은 필자의 졸고("조합장 선거의 선거관리위원회 위탁과 공명성 제고방안", 「농협의 경영관리 현안(쟁점과 대안 모색)」, 농협대학 농협경영연구소, 2005.12.) 56-57쪽 참조. 한편, 사법인인 협동조합의 선거절차 등에 관하여 국가가 엄격히 법률로 규제하고 이에 위반시 형사처벌하는 것은 문제가 있다고 생각되므로(협동조합의 자율권<헌법상의 결사의 자유> 침해소지가 있다고 본다), 가급적 협동조합 선거절차 등을 해당 협동조합의 자율규제에 맡기는 것이 바람직하다고 본다. 법으로 규제할 필요가 있다 하더라도 규제사항을 최소화하고 그 위반시의 형사처벌정도도 전면삭제 또는 최소화해야 한다고 본다(가령 형벌규정을 과태료부과규정으로 대체). 상세한 내용은 필자의 졸고("협동조합기본법상의 선거관련규정에 대한 검토", 한국협동조합연구 제30집 제1호, 한국협동조합학회, 2012.4.) 54-59쪽 참조.

11. 법에서 허용하는 선거운동방법을 다양하게 활용하되 특히 정보화시대의 수단·방법들을 활용할 필요가 있습니다.

○ 예컨대, '전화·컴퓨터통신을 이용한 지지 호소' 등의 방법을 적절하게 활용할 필요가 있다.

12. 메모와 기록을 하고, 상대후보의 불법행위에 대한 증거자료를 잘 확보합시다.

○ 인간의 기억에는 한계가 있으므로 선거운동기간 동안의 활동사항과 운영내역을 꾸준히 메모하고 기록을 하는 것이 필요하다. 자금활용내역에 대해서도 기록해 두는 것이 좋다. 기록이 있으면 법적 분쟁을 예방할 수 있고 또한 쉽게 해결할 수 있게 된다.
한편, 상대후보의 활동 중 불법행위가 있다면 이에 대한 증거자료를 잘 확보해둘 필요가 있다. 선거에 패배하더라도 불법행위를 이유로 선거무효 또는 당선무효소송을 제기하면 그 결과를 뒤집을 수도 있는데, 이러한 경우를 대비하여 미리 증거[82]자료를 잘 확보해 두어야 한다.

13. 언론매체를 적절히 활용하는 등 지명도를 높이는 활동도 필요합니다.

○ 신문, 잡지, 방송 등 언론매체를 적절히 활용하여 지명도를 높이는 것이 중요하다. 일단 선거권자인 조합원이 후보자가 누구인지 어떤 사람인지를 알게 할 필요가 있기 때문이다. 특히 귀농·귀촌한 지 얼마 안 되는 조합원이 농협의 임원이나 대의원이 되고자 한다면 더더욱 지명도를 높일 필요성이 크다고 하겠다. 왜냐하면, 본인이 과거에 아무리 화려한 경력을 가졌다 하더라도 다른 조합원들은 이를 잘 모를 가능성이 크기 때문이다.

○ 언론매체를 활용하는 것도 중요하지만, 개별적인 스킨십을 소홀히 해서는 안 된다. 가급적 많은 선거권자들을 접촉하여 지지를 호소하는 것이 바람직하다.

14. 선거법규 해석에 의문이 있는 경우에는 법률전문가 또는 관련 기관에 질의를 하여 도움을 받아야 합니다.

○ 예를 들면, 선거관리위원회에 소관 법규해석을 의뢰할 수 있을 것이다. 선거관리위원회는 선거와 관련한 모든 절차를 관장하면서, 질의에 대한 회신을 통해 위반 우려가 있는 활동에 대한 사전

---

[82] 증거란 소송법상 법원에 사실의 존부(存否)에 관한 확신을 주기 위한 자료를 말한다. 법규적용의 대상이 될 사실인정의 자료로서 그 성격에 따라 인증(인적 증거)·물증(물적 증거)·서증(書證), 직접증거·간접증거(정황증거), 본증(本證)·반증, 본래증거·전문증거, 단순증거·종합증거 등으로 구분할 수 있다. 법원이 사건을 판결하기 위해서는 먼저 사실관계가 확정되어야 하고, 그 확정된 사실에 대하여 법규를 적용하여야 한다. 재판상의 자백과 같이 증거조사가 필요 없는 경우도 있으나, 그 이외에 사실은 증거에 의하여 인정되어야 한다. 그 사실인정이 법관의 주관적·자의적 판단이 아니고 객관적으로 공정하다고 인정받으려면, 그 자료가 심리에 의하여 수집되고 제출된 것이어야 한다. 이러한 증거는 사실인정의 자료가 될 증인이나 증서와 같은 증거방법을 가리키기도 하고, 그 증거방법에서 얻은 증언이나 증서의 취지와 같은 증거조사의 결과를 가리키기도 한다.

예방을 도모하는 등 단속활동만 수행하는 것이 아니라 선거관계자들에게 어떻게 선거운동을 해야 할지에 대한 자문역할을 하고 있다. 다만, 선거법규 위반 여부에 대한 최종 판단권한은 결국 법원에 있으므로 선거관리위원회의 해석결과에 따라 선거운동을 했다고 하여 곧 선거운동의 합법성이 완전하게 담보되는 것은 아니다.[83] 그렇지만, 만약 질의가 구체적이고 이에 대한 선거관리위원회의 답변이 신뢰할 수 있는 충실성이 담보된 경우라면 이를 믿고 행한 후보자의 선거법규 위반행위는 형법 제16조(법률의 착오)[84]에서 정한 "정당한 이유"가 있는 경우에 해당되어 처벌을 면할 수도 있을 것이다.

필요한 경우에는 변호사와 선거업무자문계약을 체결하여 법적 도움을 받을 수도 있을 것이다(최근 Law School 출신 젊은 변호사들이 대량 배출되고 있으므로 큰 돈 들이지 않고도 변호사의 도움을 받을 수 있을 것이다).

15. 만일 수사를 받게 된다면 초기대응을 잘 해야 합니다.

○ 수사기관의 수사절차와 수사에 대한 대응방법에 대해서도 개략적으로 알고 있을 필요가 있다. 물론 불법행위를 하지 않음으로써 수사의 대상이 되지 않도록 하는 것이 최선이겠지만 불가피하게 수사의 대상이 된다면 '법이 허용하는 최대한의 방법을 활용하여' 자기방어를 하는 것은 자연스런 일이라 하겠다. 왜냐하면, 형사처벌을 하기 위한 범죄행위 입증책임을 수사기관이 부담하는 것이기 때문이다. 물론 경우에 따라서는 자수와 자백을 통해 수사에 협조함으로써 형사처벌 수준의 완화를 도모할 수도 있을 것이다.

(1) 개략적인 수사절차는 다음과 같다.

가) 내사[85] 착수

○ 내사착수의 계기(수사단서<搜査端緖>)에는 제한이 없다. 예컨대, 투서, 첩보의 입수에 의하기도 하고, 금융감독원 등 관계기관의 자료접수에 의하기도 하며, 단순한 풍문(風聞)에 의해 착수되기도 한다. 또한 고

---

83) 새마을금고 이사회 결의 및 선거관리위원회 답변이 있었으나 충실한 질의가 아니었음을 이유로 기부행위가 된다고 판단한 판례 참조(새마을금고 사건 : 대법원 2005.2.18. 선고 2004도6323 판결).
84) 제16조(법률의 착오) 자기의 행위가 법령에 의하여 죄가 되지 아니하는 것으로 오인한 행위는 그 오인에 정당한 이유가 있는 때에 한하여 벌하지 아니한다.
85) 내사(內査)란 임의로 범죄사실을 조사하는 것이다. 내사를 그만 두는 경우에는 내사중지와 내사종결이 있는데, 내사중지는 수사하기 전에 범죄의 혐의가 있는가를 보는 부분에서 끝내는 것이고, 내사종결은 내사중 무혐의인 경우에 하는 것을 말한다. 한편 경찰은 '불기소의견'을 붙여 검찰에 사건을 송치하기도 하는데, 이는 경찰이 조사해 보니 기소할 만한 게 아니다라는 의견을 첨부하여 검찰에 보내는 것을 말한다. 그러나, 기소권(범죄용의자를 재판에 회부하는 것)은 검사의 독립된 고유권한(이것을 기소독점주의라고 한다)이므로, 기소의 여부는 검사만이 판단할 수 있으며 경찰의 불기소의견을 따라야 하는 것은 아니다.
불기소의견과 내사종결의 차이는 범죄의 혐의가 있느냐 없느냐의 차이에서 비롯된다. 불기소의견이란 경찰이 검찰에 사건을 송치할 때(조금이라도 혐의가 있으면 경찰은 검찰에 사건을 송치하여야 한다) 기소될 만큼의 불법성은 보이지 않으니 불기소하는 것이 바람직하겠다는 의견을 제출하는 것이다.

소86), 고발87)에 의해 착수되기도 한다.

나) 금융계좌 추적, 통신자료 조회, 압수·수색을 통한 증거 수집 등

○ 수사의 원칙은 임의수사88)가 원칙이지만, 필요한 경우에는 압수·수색 등 강제수사89)의 방법이 동원되기도 한다.

다) 피의자 소환 조사(필요시 구속영장 청구)

○ 피의자를 소환하여 필요한 사항을 조사하게 되는데, 강제수사의 필요가 있을 경우에는 구속영장을 청구하기도 한다.90)

---

86) 고소란 범죄의 피해자, 기타 고소권자가 수사기관에 대하여 일정한 범죄사실을 신고하여 그 소추(訴追)를 구하는 의사표시를 말한다. 고소는 소추·처벌을 요구하는 적극적 의사표시이어야 하며, 단순한 범죄피해신고 또는 전말서의 제출 등은 고소가 아니다. 고소는 피해자 또는 고소권자 아닌 제3자가 하는 고발(告發)과 구별되고, 또 자기의 범죄사실을 신고하는 자수(自首)와 구별된다. 일반적으로 고소는 수사의 단서가 되는 데 불과한 것이나, 친고죄에 있어서는 소송조건이 되고, 또 공소제기의 조건이 된다.

87) 고발이란 범인 또는 피해자 이외의 제3자가 수사기관에 범죄사실을 신고하여 그 소추(訴追)를 요구하는 의사표시를 말한다. 제3자는 누구나 범죄가 있다고 생각될 때는 고발을 할 수 있다(형사소송법 제234조 제1항).

88) 임의수사란 임의적인 조사에 의한 수사를 말한다. 즉 강제력을 행사하지 않고 상대방의 동의나 승낙을 받아서 행하는 수사이다. 이에 대하여 강제처분에 의한 수사를 강제수사라고 한다. 형사소송법의 규정에 의하면, 수사에 관하여는 그 목적을 달성하기 위하여 필요한 수사를 할 수 있다. 다만 강제처분은 법률에 특별한 규정이 있는 경우에 한하며, 필요한 최소한도의 범위 안에서만 하여야 한다(형사소송법 제199조). 이와 같이 수사는 원칙적으로 임의조사에 의하고 강제수사는 법률에 규정된 경우에 한하여 허용된다는 원칙을 임의수사의 원칙이라 한다. 임의조사의 방법으로는 피의자신문(형사소송법 제200조), 참고인조사(형사소송법 제221조), 감정·통역·번역의 위촉(형사소송법 제221조), 형사조회(형사소송법 제199조2항)가 대표적이다.

89) 강제수사란 강제처분에 의한 수사를 말한다. 수사상의 강제처분은 수사기관이 영장없이 행하는 것과 영장에 의해서 행하는 것, 그리고 판사에게 청구하여 행하는 것으로 구분할 수 있고, 이는 각각 대인적 강제처분과 대물적 강제처분으로 나누어진다. 대인적 강제처분으로서 영장없이 행할 수 있는 것은 현행범인의 체포(형사소송법 제212조)와 긴급체포(형사소송법 200조의 3)등이 있으며, 영장에 의해서 행하는 것은 체포영장에 의한 체포(형사소송법 200조의 2), 구속(형사소송법 제201조) 등이 있다. 대물적 강제처분으로서 영장없이 행할 수 있는 것은 피의자구속을 위한 수색과 그 현장에서의 압수·검증(형사소송법 제216조·217조), 유류물이나 임의로 제출된 물건의 압수(형사소송법 제218조) 등이고, 영장에 의해서 행하는 것은 보통의 압수·수색·검증(형사소송법 215조), 판사에게 청구하여 행하는 것은 증거보전절차상의 압수·수색·검증·감정(형사소송법 제184조 제1항)등이다. 강제처분 내지 강제수사는 형사사법에 있어서 불가결한 제도이지만 이로 인하여 개인의 기본권을 침해하는 필요악이다. 여기에 강제처분을 제한하기 위한 법적규제가 필요하게 된다. 강제처분은 법률에 특별한 규정이 없으면 하지 못한다(형사소송법 제199조). 이를 강제처분법정주의 또는 강제수사법정주의라고 한다. 영장주의란 법원 또는 법관이 발부한 적법한 영장에 의하지 않으면 형사절차상의 강제처분을 할 수 없다는 원칙을 말한다. 법관의 공정한 판단에 의하여 수사기관에 의한 강제처분권하의 남용을 방지하고 시민의 자유와 재산의 보장을 실현하기 위한 원칙이다.

90) <헌법>
제12조 ① 모든 국민은 신체의 자유를 가진다. 누구든지 법률에 의하지 아니하고는 체포·구속·압수·수색 또는 심문을 받지 아니하며, 법률과 적법한 절차에 의하지 아니하고는 처벌·보안처분 또는 강제노역을 받지 아니한다.
② 모든 국민은 고문을 받지 아니하며, 형사상 자기에게 불리한 진술을 강요당하지 아니한다.
<u>③ 체포·구속·압수 또는 수색을 할 때에는 적법한 절차에 따라 검사의 신청에 의하여 법관이 발부한 영장을 제시하여야 한다. 다만, 현행범인 경우와 장기 3년 이상의 형에 해당하는 죄를 범하고 도피 또는 증거인멸의 염려가 있을 때에는 사후에 영장을 청구할 수 있다.</u>
④ 누구든지 체포 또는 구속을 당한 때에는 즉시 변호인의 조력을 받을 권리를 가진다. 다만, 형사피고인이 스스로 변호인을 구할 수 없을 때에는 법률이 정하는 바에 의하여 국가가 변호인을 붙인다.
⑤ 누구든지 체포 또는 구속의 이유와 변호인의 조력을 받을 권리가 있음을 고지받지 아니하고는 체포 또는 구속을 당

라) 기소(경찰은 검찰에 사건 송치)

○ 기소할 필요가 있다고 판단되면 검사는 기소를 하게 되는데 여기에는 기소독점주의[91]와 기소편의주의[92]가 적용된다.
○ 경찰은 범죄혐의가 있는 사건에 대해서는 검찰에 사건을 송치하게 된다.

(2) 수사에 대한 대응방법

○ 압수·수색시에는 압수·수색 영장의 제시를 요구하고 그 내용을 확인하여야 한다. 특히, 영장범죄사실 및 압수·수색 대상을 확인하고 야간집행시에는 야간집행 허용 여부를 확인하는 것이 좋다.
○ 압수·수색 종결시에는 압수목록 교부를 요구하는 것이 서류 등의 분실을 예방하고 후일 업무처리에 있어서 혼란을 방지하게 된다.
○ 피의자 조사시 필요한 경우에는 묵비권[93]이나 변호인 선임권, 변호인 입회권 등을 활용할 수 있을 것이다.[94]
○ 피의자 신문조서 또는 피의자 진술조서 등을 철저히 열람하고 본인의 진술내용과 다른 사항이 기재되어 있을 경우에는 이의 수정을 요구하여야 한다.
○ 구속영장 실질심사제도[95]와 구속적부심제도[96]를 적극 활용할 필요가 있다.

하지 아니한다. 체포 또는 구속을 당한 자의 가족등 법률이 정하는 자에게는 그 이유와 일시·장소가 지체없이 통지되어야 한다.
⑥ 누구든지 체포 또는 구속을 당한 때에는 적부의 심사를 법원에 청구할 권리를 가진다.
⑦ 피고인의 자백이 고문·폭행·협박·구속의 부당한 장기화 또는 기망 기타의 방법에 의하여 자의로 진술된 것이 아니라고 인정될 때 또는 정식재판에 있어서 피고인의 자백이 그에게 불리한 유일한 증거일 때에는 이를 유죄의 증거로 삼거나 이를 이유로 처벌할 수 없다.

91) 기소독점주의란 기소(공소)를 제기할 수 있는 권한을 검사만이 가진다고 하는 주의를 말한다.
92) 기소편의주의란 형사소송법상 기소(공소)의 제기에 관하여 검사의 재량을 허락하고 기소유예를 인정하는 제도를 말한다.
93) 묵비권이란 형사책임에 관하여 자기에게 불리한 진술을 강요당하지 않는 권리를 말한다
 <헌법>
 제12조 ② 모든 국민은 고문을 받지 아니하며, 형사상 자기에게 불리한 진술을 강요당하지 아니한다.
94) 변호인선임권이란 형사소송에서 피의자나 피고인이 변호인을 선임할 권리를 말하며, 변호인입회권이란 수사단계에서 변호인을 입회(참여)시킬 권리를 말한다. 헌법은 '변호인의 조력(助力)을 받을 권리'를 규정하고 있다.
 제12조 ④ 누구든지 체포 또는 구속을 당한 때에는 즉시 변호인의 조력을 받을 권리를 가진다. 다만, 형사피고인이 스스로 변호인을 구할 수 없을 때에는 법률이 정하는 바에 의하여 국가가 변호인을 붙인다.
 ⑤ 누구든지 체포 또는 구속의 이유와 변호인의 조력을 받을 권리가 있음을 고지받지 아니하고는 체포 또는 구속을 당하지 아니한다. 체포 또는 구속을 당한 자의 가족등 법률이 정하는 자에게는 그 이유와 일시·장소가 지체없이 통지되어야 한다.
95) 구속영장 실질심사제도(拘束令狀 實質審査制度)란 구속영장 청구의 대상자가 된 피의자나 피의자의 변호인, 배우자, 호주, 가족이나 동거인, 법정대리인, 형제자매, 직계친척 등이 신청할 경우 법관이 피의자를 불러 구속영장의 발부가 타당한지를 심사하는 제도인데 구속전 피의자심문제도라고도 한다.
96) 구속적부심사제도(拘束適否審査制度)란 구속된 피의자에 대하여 법원이 구속의 적법성과 필요성을 심사하여 그 타당성이 없으면 피의자를 석방하는 제도를 말한다. 구속적부심사제도는 형사피의자의 석방을 위한 제도라는 점에서 형사피고인까지를 대상으로 하는 보석(保釋)과 구별되며 또한 법원이 심사한다는 점에서 검사(檢事)가 구속된 피의자를 석방하는 구속취소와 구별된다. 인신구속에 있어서 사전영장주의(事前令狀主義)를 채택하고 있으면서도 구속

(3) 모든 일이 그렇듯이 수사의 대상이 되었을 경우에도 초기대응이 중요하다.

화재나 질병이 발생할 경우에도 초기대응만 잘 하면 쉽게 진화 또는 치료할 수 있듯이 수사의 대상이 되었을 경우에도 초기대응만 잘 하면 불기소처분[97]을 받을 수도 있지만 초기대응을 잘못하면

적부심사청구권을 인정하는 것은 영장발부에 대한 재심사의 기회를 마련함으로써 인신의 보호에 만전을 기하기 위한 것이다.
 구속적부심사의 청구권자는 구속영장에 의해 구속된 피의자와 그 변호인(辯護人), 법정대리인(法定代理人), 배우자(配偶者), 직계친족(直系親族), 형제자매(兄弟姉妹), 가족(家族), 동거인(同居人), 고용주(雇傭主)이다. 구속적부심사 청구의 사유는 구속영장의 사유가 법률에 위반되었다고 판단되는 때 또는 구속 후 중대한 사정변경이 있어서 구속을 계속할 필요가 없다고 판단되는 때이다. 구속적부심사청구에 대한 심사는 법원에서 한다. 그 심사를 위한 법원의 구성에는 판사가 1명인 지방법원지원의 경우를 제외하고는 구속영장을 발부한 법관은 포함되지 못한다. 구속된 피의자에게 변호인이 없고 국선변호인(國選辯護人)의 선정사유에 해당되는 때에는 국선변호인이 선임된다. 구속적부심사는 영장발부의 요식과 절차에 관한 형식적 사항뿐만 아니라 구속사유의 타당성과 적법성(適法性)에 관한 실질적 사항까지도 대상으로 한다.
 법원은 심문이 종료된 때로부터 24시간 이내에 구속에 대한 적부의 결정을 내려야 한다. 그 결정에는 항고(抗告)가 허용되지 않는다. 구속적부심사의 석방결정에 의하여 석방된 피의자는 도망하거나 죄증을 인멸하는 경우를 제외하고는 동일한 범죄사실에 관하여 재차 구속하지 못한다(형사소송법 214조의 3).
<헌법>
제12조 ⑥누구든지 체포 또는 구속을 당한 때에는 적부의 심사를 법원에 청구할 권리를 가진다.

97) 불기소처분이란 검사가 사건을 수사한 결과 재판에 회부하지 않는 것이 상당하다고 판단되는 경우에는 기소를 하지 않고 사건을 종결하는 것을 말한다. 현행법상 수사종결처분권은 검사에게만 인정된다(기소독점주의). 불기소처분에는 기소유예, 혐의없음, 죄가안됨, 공소권없음, 기소중지, 공소보류 등이 있으며, 그 중 혐의없음, 죄가 안됨, 공소권 없음을 협의의 불기소처분이라고 한다.
 ○ 기소유예
  죄는 인정되지만 피의자의 연령이나 성행, 환경, 피해자에 대한 관계, 범행의 동기나 수단, 범행후의 정황 등을 참작하여 기소를 하여 전과자를 만드는 것보다는 다시 한번 성실한 삶의 기회를 주기 위하여 검사가 기소를 하지 않고 용서해주는 것을 말한다.
 ○ 혐의없음(무혐의)
  피의사실이 인정되지 아니하거나 피의사실을 인정할 만한 충분한 증거가 없는 경우 또는 피의사실이 범죄를 구성하지 아니하는 경우에 하는 처분.
 ○ 죄가 안됨(범죄불성립)
  피의사실이 범죄구성요건에 해당하나 법률상 범죄의 성립을 조각하는 사유가 있어 범죄를 구성하지 아니하는 경우로 피의자가 형사미성년자나 심신상실자인경우, 정당행위, 정당방위, 긴급피난에 해당되는 경우.
 ○ 공소권없음(공소권 무)
  확정판결이 있는 경우, 사면이 있는 경우, 공소시효가 완성된 경우, 범죄후 법령의 개폐로 형이 폐지된 경우, 법률의 규정에 의하여 형이 면제된 경우, 피의자에 대하여 재판권이 없는 경우, 동일사건에 관하여 이미 공소가 제기된 경우, 친고죄 및 공무원의 고발이 있어야 논하는 죄의 경우에 고소 또는 고발이 무효 또는 취소된 때, 반의사불벌죄의 경우 처벌을 희망하지 아니하는 의사표시가 있거나 처벌을 희망하는 의사표시가 철회된 경우, 피의자가 사망하거나 피의자인 범인이 존속하지 않게 된 경우.
 ○ 기소중지
  피의사건에 대하여 공소조건이 구비되고 범죄의 객관적 혐의가 인정되는 경우에도 피의자의 소재가 판명되지 아니한 경우에 검사가 그 사유가 해소될 때까지 수사를 중지하는 처분을 말한다. 기소중지 처분은 공범의 미검거, 중요참고인의 소재불명 등으로 인하여 피의사건의 진상을 파악하기 곤란한 경우에도 허용된다.
 ○ 각하
  고소 또는 고발이 있는 사건에 한하여 행해지는 불기소처분의 일종으로 고소인 또는 고발인의 진술이나 고소장 또는 고발장에 의하여 혐의없음 또는 공소권없음이 명백한 경우, 형사소송법상의 고소·고발의 제한이나 고소불가분규정

결국 기소되어 과중한 처벌을 받을 수도 있다. 수사의 대상이 될 경우에는 조속히 변호사의 도움을 받을 필요가 있다.

Ⅳ. 선거 후에 고려해야 할 사항

1. 당선된 경우

○ 초심(初心)을 잃지 말자
- 조합원들을 위해 희생하고 봉사하겠다는 마음을 항상 '처음처럼' 유지하여야 한다.
- 혹시 선거에 당선된 이후 교만하거나 거만해지지 않았는지 항시 스스로 경계하여야 한다.
○ "산을 오를 때에는 내려갈 때를 생각하라"라는 말이 있다. 협동조합의 조합장 직책에 취임하게 되면 "이 자리를 다음 사람에게 넘겨줄 때가 반드시 올 것"이라는 점을 미리 염두에 두면서 "이 자리를 후임자에게 넘겨줄 때에는 떳떳하고 깨끗하게 물려주겠다"라는 각오를 지녀야 한다.

2. 낙선된 경우

○ 낙선된 경우에도 지지해준 분들에게 감사의 인사표시를 하는 것이 바람직하다. 특히 열정적으로 도움을 준 분들에게는 일일이 전화를 걸어 감사의 뜻을 표할 필요가 있다(금품 제공 등 답례를 하는 것은 지양해야 한다 : 위탁선거법 제37조 참조).
○ 가급적 고소, 고발이나 소송의 제기는 자제하는 것이 바람직하다. 깨끗하게 선거결과에 승복하는 것이 좋은 인상을 줄 수 있다. 선거과정에서 쌓인 개인적인 감정의 앙금도 가급적 빨리 씻어내는 것이 좋다. 선거에 패배한 후 심리적인 후유증으로 인해 질병을 얻게 되는 경우도 많다.
○ 그러나, 선거절차에 법적 하자가 있거나 상대후보가 불법행위를 한 경우 등 선거결과에 승복할 수 없다는 판단이 설 경우에는 선거무효소송[98] 또는 당선무효소송[99]을 제기하여 법원의 심판을 받아 볼 수 있을 것이다.[100] 판결결과에 따라서는 재선거[101] 또는 보궐선거[102]가 실시될 수도 있다.[103]

에 위반한 경우, 새로운 증거없는 불기소처분 사건인 경우, 고소권자가 아닌 자가 고소한 경우, 고소·고발후 고소·고발인이 출석불응하거나 소재불명으로 진술청취 불가능한 경우에는 각하될 수 있다.
○ 참고인중지
참고인, 고소인, 고발인 또는 같은 사건 피의자의 소재불명으로 수사를 종결할 수 없는 경우에는 그 사유가 해소될때까지 참고인 중지결정을 할 수 있다.

[98] 선거무효소송이란 후보자 개인의 불법선거 혐의가 아닌, 선거절차의 흠을 이유로 선거 자체의 불법성을 문제삼아 관할 선거의 전부 또는 일부의 효력을 다투는 소송을 말한다. 따라서 선거무효소송은 반드시 선거의 관리·집행에 관하여 법률에 위반한 행위가 있었음을 주장하는 것이라야 하고, 부정한 선거운동이나 선거운동 단속의 불공정 또는 개개의 선거인이 행한 부정투표 등과 같은 경우에 대해서는 선거무효소송이 인정되지 아니한다.

[99] 당선무효소송이란 선거진행이 유효했다는 것을 전제로, 당선인의 위법행위로 인한 당선의 효력에 관하여 제기하는 소송이다. 따라서 당선무효소송을 제기할 수 있는 중요한 사유로는 당선인결정절차상의 흠, 득표수정산의 흠(개표의 부정 또는 착오) 또는 당선인으로 된 자의 흠(무자격, 등록일 이후의 입후보등록) 등을 들 수 있다.

[100] <헌법>
제27조 ① 모든 국민은 헌법과 법률이 정한 법관에 의하여 법률에 의한 재판을 받을 권리를 가진다.

한편, 법령에 위헌소지가 있다고 의문이 있는 경우에는 헌법소원[104]을 통해 헌법재판소의 판단을 받아볼 필요도 있다.

○ 법적 쟁송에서 승리하려면 변호사를 잘 선임해야 한다. 가급적 선거법규에 대한 전문변호사를 선임하는 것이 바람직하다. 일반적으로 변호사가 취급하는 법률분야는 매우 광범하므로 해당 분야에 대한 전문적인 지식과 경험을 가진 변호사를 찾아 선임하는 것이 소송을 승리로 이끄는 데 유리하다. '전관예우(前官禮遇)'라는 잘못된 종래의 법조관행에 기대어 승소하겠다는 생각으로 고위 판·검사직에서 최근 퇴임한 변호사만 찾으려 하는 것은 바람직하지 않다.

---

101) 재선거(再選擧)란 선거에서 당선무효확정판결이 내려지거나, 당선인이 임기 개시 전에 사망하거나 사퇴했을 경우, 선거 소송이 무효로 된 때, 당선인이 없을 때 다시 실시하도록 규정된 선거를 말한다.
102) 보궐선거(補闕選擧)란 선거에 의하여 선출된 자가 임기 중에 사망하거나 기타의 사유로 인하여 그 자격을 상실한 때 실시하는 선거를 말한다.
103) 참고로, 농협법 제33조는 "의결 취소의 청구 등"에 관하여, 제163조는 "위법 및 부당의결사항의 취소 또는 집행정지"에 관하여, 제164조는 "위법행위에 대한 행정처분"에 관하여 규정하고 있다.
104) 헌법소원(憲法訴願)이란 헌법정신에 위배된 법률에 의하여 기본권의 침해를 받은 사람이 직접 헌법재판소에 구제를 청구하는 일을 말한다. 정식으로는 헌법소원심판청구라고 한다. 대한민국 국민이면 누구나 청구할 수 있다. 공권력의 행사 또는 불행사로 인하여 헌법상 보장된 기본권을 침해받은 자가 제기하는 권리구제형 헌법소원과 법원에 위헌법률심판제청신청을 하였으나 기각된 경우에 제청신청을 한 당사자가 헌법재판소에 제기하는 규범통제형 헌법소원으로 나뉜다. 헌법재판소법에 헌법소원심판의 청구사유, 청구기간, 청구서의 기재사항, 사전심사, 각하 또는 결정 등에 관하여 상세히 규정하고 있다.

[약력]

[엮은이 이선신]

단국대학교 법학과 졸업(법학사)
단국대학교 대학원 법학과 졸업(법학석사)
고려대학교 대학원 법학과 졸업(법학박사)
서강대학교 경영대학원 MBA과정 수료
서울대학교 법과대학 금융법·정책과정 수료
전경련국제경영원(IMI)·로앤비(LawnB) 주관
 CLA(경영진법률리더십)과정 수료
농협중앙회 근무(1985.3.1.~ 2004.1.19.)
  * 기획실, 감사실, 개혁기획단 팀장 역임
농협대학교 교수(2004.1.20. ~ 2022.8.31.)
  * 경영교육원장, 교학처장, 중국 옌벤(延邊)대학교 교환교수, 기획실장, 도서관장, 부총장, 총장직무대행 역임
경기지방노동위원회(심판담당)공익위원 역임(약6년)
기호일보(畿湖日報) 컬럼니스트(약 10년:칼럼 200여편 기고)
한국협동조합학회 부회장·편집위원, 노동법이론실무학회 부회장
다수의 논문 및 저서 발간
  * 동방문화사刊 『협동조합선거법규』, 『협동조합경영법규』, 『협동조합경영법규Ⅱ』, 『바람직한 법과 사회』 등
(현) 한국협동조합발전연구원 선임연구위원

[감수자 김두년]

건국대학교 법학과 졸업(법학사)
연세대학교 행정대학원 졸업(행정학석사)
건국대학교 대학원 법학과 졸업(법학석사)
건국대학교 대학원 법학과 졸업(법학박사)
농협중앙회 근무
  * 조사부 실장 역임
중원대학교 교수, 부총장, 총장 역임
한국협동조합학회 회장 역임
다수의 논문 및 저서 발간
(현) 한국협동조합발전연구원 선임연구위원

공공단체등 위탁선거법전

지은이 / 이선신
감수자 / 김두년
펴낸이 / 조형근
펴낸곳 / 도서출판 동방문화사

초 판 / 2022. 09. 03

서울시 서초구 방배로 16길 13 지층
전화 : 02)3473-7294
메일 : 34737294@hanmail.net
팩스 : (02)587-7294
등록 : 서울 제22-1433호

저자와의 합의에 의해 인지 생략

파본은 바꿔 드립니다.
정 가 : 18,000원

본서의 무단복제행위를 금합니다.
ISBN 979-11-89979-58-4 93360